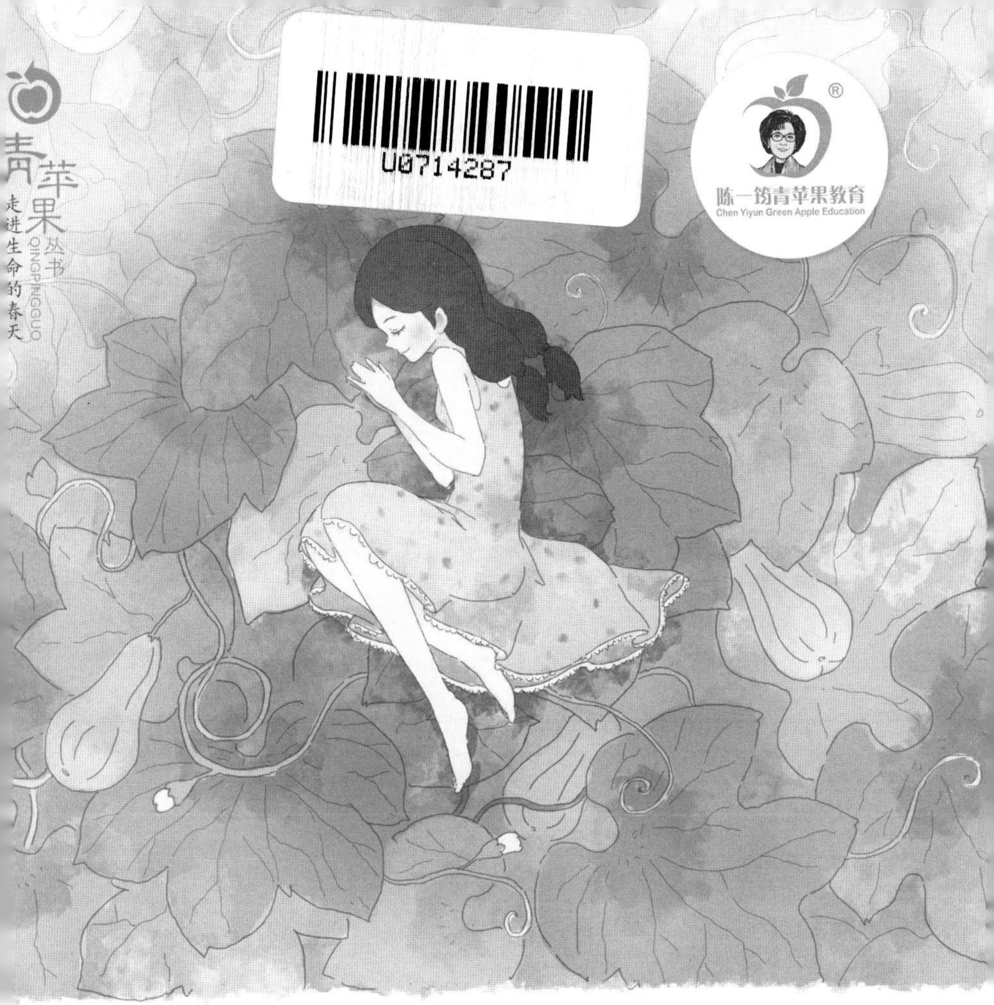

~ "青苹果"专家导航 ~

引领孩子度青春

陈一筠 主编

·广州·

版权所有　翻印必究

图书在版编目（CIP）数据

引领孩子度青春/陈一筠主编. —广州：中山大学出版社，2017.10

（青苹果丛书）

ISBN 978-7-306-06128-7

Ⅰ.①引… Ⅱ.①陈… Ⅲ.①青春期—健康教育—案例 Ⅳ.①G479

中国版本图书馆CIP数据核字（2017）第186326号

YINLING HAIZI DUQINGCHUN

| 出 版 人：徐　劲
| 策划编辑：金继伟
| 责任编辑：张　蕊
| 封面设计：高少波
| 责任校对：周　玢　李艳清
| 责任技编：何雅涛
| 出版发行：中山大学出版社
| 电　　话：编辑部 020-84110771，84113349，84111997，84110779
| 　　　　　发行部 020-84111998，84111981，84111160
| 地　　址：广州市新港西路135号
| 邮　　编：510275　　传　　真：020-84036565
| 网　　址：http://www.zsup.com.cn　E-mail：zdcbs@mail.sysu.edu.cn
| 印 刷 者：广州市友盛彩印有限公司
| 规　　格：880mm×1230mm　1/32　4.625印张　85千字
| 版次印次：2017年10月第1版　2023年10月第15次印刷
| 定　　价：32.00元

如发现本书因印装质量影响阅读，请与出版社发行部联系调换

~ 主编的话 ~

人口学者们指出,20世纪的100年间,平均每过25年,少男少女的性成熟就提前一年。到21世纪初,我国少女月经初潮年龄在11～13岁之间,男孩初次遗精年龄在14～15岁。人口学的另一个事实是20世纪的100年间,青年男女的结婚年龄却在不断推迟。目前,我国城市男女的初婚年龄平均在24～26岁,而且还有推迟的趋势。

这就是说,从少男少女生理成熟有了性欲望和冲动并具有了生殖能力开始,到他们结婚并生育子女,这一过渡期要经历漫长的10多年。人口学家把这十几年的等待期称为"性待业期"。

如今,青少年的"性待业期"大大长于其前辈们从性成熟到结婚的等待期。前辈们将性生活与婚姻关系统一起来曾经是不

困难的,因为等待时间很短,加之传统道德的约束以及家庭和社会的控制力,"越轨"事件是少见的。而今天,处在"性待业期"的青少年如何能安全、健康地到达其结婚之时,从而把性生活与婚姻生活统一起来,成为极其困难与复杂的问题,其间需要较多关怀、指导、教育、帮助。这就要求学校、家庭和社会对中小学生提供性健康、性道德和性安全方面的教育。

可是,恰恰在这方面,我国大多数学校和家庭长期并未给予重视,或者没有能力给青少年提供真正需要的指导和帮助,而社会对青少年的影响又极为复杂,尤其在一些不负责任的媒体中传播的那些不科学、不准确、不真实、不健康的性信息,带给了青少年十分有害的影响。可以说,直到今天,大多数学校和家庭仍然在不知不觉中把对青少年性健康教育的任务交给了媒体。于是,我们就耳闻目睹了越来越多不该发生的事件:十二三岁的少女怀孕堕胎,十四五岁的女孩生下足月的胎儿,十六七岁的中学生杀婴或弃婴,女大学生未婚同居导致宫外孕,青少年因恋爱受挫或性行为不慎而自毁或伤害他人,青少年因性犯罪而锒铛入狱,还有少男少女嫖娼卖淫……如此种种,不一而足。难道孩子们是有意去制造悲剧、毁坏人生吗?当然不是。其实,他们无法从正规渠道的性健康教育中获取科学的知识,没有培养正确的性价值观和负责任的态度,那才是问题的主要原因。

我们不能再延误对青少年性健康教育的另一个紧迫的原因是性病、艾滋病的猖獗。欧美和非洲一些国家报告称,艾滋病感染者中,1/3以上是24岁以下的青少年。因为青少年的理智和意志力不够成熟,比成年人更容易发生冒险的、毫无保护的性行为,因而感染性病、艾滋病的危险性也更大。我国国家卫生和计划生育委员会与教育部已联合发出通知,要求对中小学生进行预防艾滋病的教育。而预防与控制艾滋病教育是否真正有效,除了学校教育者的决心外,还要看家庭、社区、媒体等其他渠道是如何共同努力保护青少年的。教育者还应当明白,健康行为的培养和不健康行为的改变,关键不完全在于掌握了多少知识,更重要的是树立了什么样的人生理想和具有何种价值观。例如,那么多人都知道吸烟有害健康但仍然不肯放弃吸烟行为,就说明知识对行为改变的作用是有限的,良好行为习惯的培养、正确价值观与道德理想的教育才是根本。

从更积极的意义上说,青少年性健康教育作为恋前教育和婚前教育的重要内容,将惠及孩子的整个人生。今天,独生子女一代的父母和老师一定不是仅仅希望孩子们将来有一份谋生的职业或成功的事业,肯定还期待他们将来享有幸福的婚姻和美满的家庭,并且有能力去培养好自己的儿女。那么,男人和女人怎样才能建立美满婚姻和幸福家庭呢?君不见,有越来越多的男女在做夫妻或做父母的岗位上失败了,陷入了痛苦与不幸。为什么?是他们故意去制造失败的婚姻和不幸的家庭从而使自己和孩子承受苦难吗?当然不是。其实,缺少恋前教育和婚姻的"岗前培训"是现代男女婚姻失败的潜在原因之一。因此,青春期性健康

教育不仅仅是性生理与性心理知识的传授，它涉及两性之间的情爱与性爱、性别角色与性别平等、男女之间的差异与沟通等更深层的学问。广义的青春期性健康教育应当包含生命教育，恋前教育，婚前教育和做夫妻、做父母的准备教育等完整内容，是人生教育和人格教育的有机组成部分。

青少年健康教育领域的一批专业人员已在这个领域开拓耕耘了 30 个春秋。在这里，我们把这套"青苹果丛书"作为专家们 30 年来努力的成果，奉献给国内的广大教育工作者、青少年朋友和他们的父母，以此表达我们对中小学生青春期性健康教育事业发展的热切希望与坚定决心，也作为我们对未成年人思想道德建设指导的实际回应。

《引领孩子度青春》一书通过各种咨询案例，解释了少男少女在青春发育期的困惑与矛盾、挫折与风险，说明那些"问题孩子"是怎样陷入困境甚至毁及前程的。广大父母和教育工作者从案例中可以看到，培养孩子青春期的心理健康，指导他们的行为，保护他们的安全是多么重大的责任。老师和家长还可以从书中的案例里学到知识、汲取经验、得到警示。专家们通过对各种案例的分析，向广大父母朋友提出了教育指导孩子的诚恳建议，希望能达到为父母分忧解难的目的。

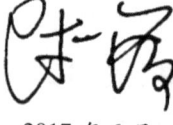

2017 年 6 月

呵护青春健康

1. 祝福女儿的初潮/2
2. 儿子第一次梦遗/6
3. 乳房发育的困扰/9
4. 包皮是否需要手术/13
5. 睾丸不见了/16
6. 月经为何不来了/18
7. 阴茎多大才正常/21
8. 帮女儿选配乳罩/24
9. 恼人的青春痘/27
10. 女孩经期需护理/30
11. 少女可否接受妇科检查/33
12. 经期遇上考试/36
13. 少女外阴瘙痒/39
14. 少男也需青春保健/42
15. 孩子手淫怎么办/45

目录
CONTENTS

解读青春密码

16. 少女丹妮的心事/50
17. 少女为何恋老师/53
18. 儿子恋母怎么办/57
19. 藏在作业本里的生日卡/61
20. 青梅竹马为何背叛/66
21. 幻想亲密接触/71
22. 可否与异性同学约会/75
23. 儿子"爱"上丑女/80
24. 孩子是否同性恋/84
25. 渴望友情与信任/88
26. 网络恋情莫当真/92

构筑青春防线

27. 色狼有标记吗/96
28. 公交车上的性骚扰/99
29. 遭遇强暴要自卫/102
30. 被强暴后的心理康复/106
31. 女儿怀孕了怎么办/109
32. 黄毒的贻害/113
33. 少年强奸犯的教训/116
34. 早熟女孩的悲剧/120
35. 网络聊天室的诱惑/122
36. 该不该和网友约会/126
37. 少年为何吸烟/129
38. 同伴压力与饮酒/133
39. 教孩子拒绝毒品/136

呵护青春健康

1. 祝福女儿的初潮

苹苹的妈妈今天心事重重。平日不爱说话的她刚到办公室，就急不可待地把同事李阿姨拽到一个角落，悄悄地嘀咕些什么。原来刚满10岁的女儿苹苹来月经了。昨晚她小便时发现内裤上有红色血块，吓得直哭。苹苹妈打算替女儿向学校请两天假，等苹苹初潮过去再上课，可苹苹不同意。做妈妈的看着10岁的女儿来月经还要去学校，心里忐忑不安。

分析辅导

月经来潮是少女生理成熟的标志。女孩发育较早，性征变化也较明显。当女孩个头突然蹿高，就预示着她将要来月经了。父母观察到女儿的身体变化时，就应提前向她坦率、直白地讲解月经的由来、规律及卫生巾的使用方法，让孩子做好迎接初潮的心理准备。初潮当日，父母可表示一番小小的庆贺，让女儿知道这是她成长的里程碑。

少女面对月经初次来潮会出现紧张、害怕、羞涩、好奇等复杂情绪，并且会有腹痛、乏力、嗜睡等不适，再加上学习压力，可能使其抵抗力和适应性发生不同程度的减退。所以，由父母对初潮少女进行经期保健的指导非常重要。

专家建议

父母可以利用女儿初潮这一难得的机会给女儿讲解身体发育与生理卫生知识。除了妈妈的直接指导外，爸爸也应以恰当的方式呵护女儿，例如给女儿写一封贺信。请看一位父亲的信。

女儿：

爸爸祝贺你告别童年！

女孩来月经是一件令人骄傲的事。因为这意味着你已长成一个大姑娘了，美好的人生在你面前展开。当你一天天成熟起来的时候，你会更懂事、更有勇气面对生活道路上可能出现的困难。当然，你也会更懂得怎样刻苦读书，去实现你的远大理想。

爸爸满怀希望地注视着你一天天长大成人，成为有责任心、有知识、有出息的孩子。坚定信心，你将来会超过爸爸妈妈！爸爸为你祝福！

也许，你会有更多的心里话，那就说给妈妈，或者说给爸爸听吧。

疼爱你的爸爸

父母及亲友对少女初潮所持的态度会对少女身心健康产生至关重要的影响。此时父母如能给予亲切的关怀、细心的照顾和科学的指导，就会使她们对月经有正确的认识，从而情绪稳定、心情愉快。反之，少女初潮时，如果得不到父母的关心、帮助和指导，就极易对月经产生恐惧、厌恶之感，甚至会出现消沉、自卑心理。这些不良情绪会影响到以后的月经反应，如出现痛经、月经失调等症候，甚至影响未来的生活。

父母须知

俗话说"女大十八变"，女孩月经来潮是其中最根本的变化。调查显示，女孩初潮通常在10～16岁，最早的为9岁，最晚的可到17～18岁，平均年龄为13岁。少女初潮不仅是一种正常的生理现象，而且是一件具有特殊意义的大事，因为它是少女身心发育走向成熟的标志。可以说，有了月经，少女才成了一名真正的女人，在生理上具有了做母亲的能力。从这个意义上讲，少女的初潮是女性生命史上的里程碑。

女孩初潮之后第一年内，月经可能不太规律，每次来的血量不多，经期时间也短，为 1～2 天。经过半年到一年后，月经逐渐形成规律，每 28～32 天来一次。每次为 2～7 天，因不同的人而各有差异。经血量在 30～80 毫升，血色比外伤的血略暗，含一些黏膜状分泌物。

月经初潮的早晚与遗传因素、身体的发育情况、健康状态、生活环境等有一定的关系。现在我们吃的食品中，如猪肉、鸡肉等，其饲料中多半添加了催长激素，人食用后会间接吸收，这也是造成女孩初潮提前的原因之一。如果女孩月经初潮提前到 8 岁以前，那就应带她到儿童内分泌科去检查。如果女孩 16 岁还未来月经，一般也应去咨询妇科医生，看看有无身体的其他异常情况。

2. 儿子第一次梦遗

小强有一个很不好的习惯,常常把自己换下来的衣物乱扔,弄得卧室一团糟。可今天小强一反常态,把内裤主动丢到洗衣机里。小强妈妈有点纳闷:这孩子是真的长大懂事了,还是有什么要隐瞒的秘密?当她从洗衣机里拿出小强的内裤时,发现上面有些黏湿的斑块,才明白小强为何今天变"勤快"了。

分析辅导

一般来说,男孩比女孩发育得晚些,进入初中后有较为明显的变化,如身体快速长高、做梦遗精、变声、长出喉结等。父母通常能观察到这些现象,因此应该有意识地和孩子谈一些关于青春期的性卫生常识。不然,当孩子面对遗精时,会因为无知而产生心理上的困扰,身体健康也会受到影响。因此,帮助孩子正确认识遗精现象、消除困惑、卸掉心理包袱,让孩子坦然地接受这一发育过程中的自然生理现象是十分必要的。

在家庭性健康教育中,父亲和母亲扮演着同等重要的角色,只是父与子、母与女之间谈性生理话题更方便些。若是单亲家庭,妈妈可以阅读青春期性健康教育的书籍,获取有关梦遗的知识,以聊天的方式告诉儿子。也可购买一些青春期性健康知识的读物送给儿子,让他自己阅读。还应该建议儿子多做一些户外健身活动,将注意力转移到有趣的事情上去。

男孩遗精一般有3个原因:

1. 精满自溢

男孩发育进入青春期后,睾丸不断产生精子,精囊腺和前列腺也不断地产生分泌物。精子和分泌物在体内贮存到一定量时,精液会自动地从尿道排出来。

2. 身体局部刺激

内裤过紧,被子太重、太热或趴着睡觉,生殖器受到刺激等都是遗精的诱因。另外,生殖器官疾病,如尿道发炎、阴茎龟头炎或包茎、包皮过长均可导致遗精。

3. 性活动情景的刺激

看了描写性活动的小说或电影,使思想过分集中在性的情景上,导致睡眠时遗精。有手淫的习惯也易导致遗精。每月有1~2次遗精是正常现象,不会影响身体健康。如果遗精过于频繁,每月多次甚至1~2天一次,则应及早去求教专家。

3. 乳房发育的困扰

● **乳房初发育**

三年级的萌萌在上体育课时，胸部被双杠碰了一下，出奇的疼。回家跟妈妈说了这件事。她怕是肋骨受伤了，想到医院做一下X光透视。妈妈撩开衣服一看，笑着安慰萌萌说："没事，这是乳房开始发育了。刚发育时最怕碰，过一阵子就好了。"萌萌一摸，确实两边的乳房都有一个枣样的小包包，硬硬的，萌萌这才放下心来。她问妈妈，小包包在长大的过程中该注意些什么呢？

● **扁平胸的自卑**

昕昕已经16岁了，身边女同学的乳房都发育得很好，走起路来挺着胸脯，特别自信。可昕昕发育迟缓，胸部至今还是平平的，她深感自卑，不敢和同学们一起去游泳。妈妈为了让女儿更加自信，就特意为她买了一副加垫的乳罩。尽管戴上乳罩后从外观上看去胸部有所隆起，但昕昕心里还是一直为自己扁平的胸脯而苦恼。她很想在假期去做隆胸手术。

● **发育早的烦恼**

婷婷刚满 13 岁,与同龄的女孩相比,乳房发育得较丰满。高耸的乳房不仅没有使她感到骄傲,反而带来好多烦恼。尤其是在夏天,时常招来男孩异样的目光,婷婷特别不自在,好像自己做错了什么事。尽管穿着宽松肥大的衣服,但总是觉得一点也不轻松,走路低着头、含着胸,畏畏缩缩。为了使乳房变得小一点,她开始减肥和束胸。

分析辅导

乳房的发育是女孩最早显示出的青春期信号。女孩的乳房从什么时候开始发育有很大的个体差异。有的女孩 8 岁,乳房就开始发育了,而有的女孩要到 15 岁或更晚才开始发育。多数女孩在 10～13 岁乳房开始发育。乳房发育早晚并不影响其今后发育的快慢,也不影响成年后乳房的大小和形状。

乳房发育的大小除了受体内雌性激素的作用以外,还受遗传、环境、营养、胖瘦、体育锻炼等多种因素的影响。但无论乳房大与小,与日后的乳汁多少和乳汁的质量并没有直接关系。女孩要到身体发育定型,性发育完全成熟后才能判断乳房是否发育正常。

正处在青春发育期的少女切勿模仿成人的做法去增大乳房。无论是硅胶填充还是外用药物刺激，对乳腺本身的发育都会造成不良影响。其结果是获得了暂时的美感，却影响了身体的正常成长，还有可能失去终生的健康。父母除了要告诉孩子科学的生理知识外，还须引导孩子树立正确的审美观，增强自信心，不要盲目追求所谓的"丰满"。

对发育较早或乳房较大的女孩来说，采用紧身衣束胸来限制乳房发育，可能导致乳房外形扭曲和乳头凹陷，乳腺发育不良，甚至会造成将来泌乳和哺乳的困难，也容易引起乳房疾病。通过减肥来限制乳房发育的做法则更不科学。

父母须知

1. 乳房发育过迟

如果月经初潮后3年以上乳房还没有开始发育，就有必要到医院检查，请医生诊断出原因，以便采取对策。

2. 乳房不对称

有些少女的乳房在发育过程中，会出现左右发育不对称现象，这是左右乳房对雌性激素的反应不一致、腺体增生活跃程度不同所致，属正常现象，待到发育成熟时，两个乳房的大小就会一样了。但是，女性成人以后，如果两侧乳房大小相差悬殊，就应该去医院检查。

3. 乳房的保健

由于内分泌的原因，每到月经周期前后可能有乳房胀痛、乳头痒痛等现象。不要随便挤弄乳房、乳头，以免造成破口而引发感染，要保持乳房的清洁卫生，可常用干净的热毛巾擦拭乳房。

4. 包皮是否需要手术

爸爸向来显得严厉，阿雄的知心话多半愿意和妈妈说。可今天阿雄一反常态，放学回来扔下书包，从沙发上拉起爸爸就往卫生间里跑。他关上门脱下裤子，让爸爸看他的阴茎。阿雄的爸爸开始挺纳闷，当看到阿雄阴茎上的包皮口时，大吃一惊：阴茎上包皮口已红肿发炎，并有溃烂的迹象。后来经医生诊断，才知道阿雄患了包皮龟头炎。

分析辅导

男孩的阴茎还没有发育时，包皮都比较长，龟头一般不外露，而包皮过紧也会影响龟头外露。不过男孩的包皮紧是常见的事，只要排尿不受影响，随着年龄的增加，会自然好转。如果到了青春期，龟头还未外露，就应该到医院检查包皮是否过长，或许需要做环切手术。

值得注意的是，无论包皮长，还是包皮紧，都会使尿碱和包皮垢在凹陷处存留，成为细菌滋生的温床。若不能及时将包皮上翻清洗干净，可致包皮和龟头发炎，即包皮阴茎炎。炎症反复发作，就可能形成后天获得性包茎。包茎的包皮囊内积存的包皮垢往往无法清洗，久而久之形成结石。结石的刺激会引起包皮、阴茎头溃疡等。无论是先天性包茎还是后天性包茎，都应去看医生，以便决定是否要做手术。

包皮环切手术并不复杂，只需局部麻醉，门诊即可解决。阴茎的血液循环好、生长快，卧床休息两三天即可恢复。

父母还应告知孩子，要经常用温水清洗阴部，洗时要将包皮尽量上翻，对缝隙处要认真清洗，以免细菌感染。

如发现有下列情况，建议做包皮环切手术：

（1）包皮过长而包皮口过小，虽能勉强上推露出阴茎头，却使包皮紧贴在阴茎冠状沟处，不能下推，形成嵌顿，且手动复位困难。

（2）小儿包茎妨碍排尿。

（3）本人无良好的卫生习惯和卫生居住环境，不能做到勤洗包皮。

（4）反复发作的包皮阴茎炎、湿疹以及结石。

父母须知

包皮是否过长,有其诊断标准,即要看其是在阴茎头冠状沟以内还是以外,在阴茎正常疲软的情况下,共有五种情况:

(1) 包皮口位于冠状沟内,属于正常。

(2) 包皮口接近尿道外口,但能轻易地外翻至冠状沟,为包皮稍长。

(3) 包皮口超过尿道外口,能不困难地外翻至冠状沟,为包皮过长。

(4) 包皮口超过尿道外口,且因包皮口过小而使包皮不能上翻至冠状沟,即包茎。

(5) 包皮内层与阴茎头之间粘连(常因炎症引起)而使包皮不能上翻,无论包皮口是否超过尿道口,都视为包茎,通常称之为假性包茎。

5. 睾丸不见了

王强在体育课上摔伤了大腿，被送到医院接受诊治。在体检时，骨科大夫意外发现王强只有一个睾丸，另一个可能是隐睾。这让王强的父母大吃一惊：和儿子在一起生活了近10年，竟然不知道儿子只有一个睾丸，另一侧只是空囊！儿子的另一个睾丸哪儿去了？会不会影响发育呢？还来得及补救吗？一连串的疑问让王强的父母深感忧虑。

分析辅导

正常的睾丸应该在阴囊里，垂在体外。睾丸对温度的要求很严格，最合适的温度是35℃，冷了它就上提到离腹壁近些的地方以便于保暖，再冷就缩到腹壁内去。相反，热了就通过阴囊的松弛使睾丸下垂，离腹壁远些便于散热。这是正常的睾丸收缩，不需治疗。

有些孩子的睾丸再热也不能下垂到体外，一直埋在肚皮下或大腿内侧的脂肪中，这就是隐睾。隐睾最好应在9岁之前用手术的方法将其推出,固定在阴囊中。否则,发高烧时,睾丸不能脱出,会影响发育,严重者会使睾丸失去功能,或引发睾丸肿瘤等疾病。

专家建议

1. 男孩莫穿紧身裤

有些男孩习惯穿紧身裤,将睾丸紧紧地贴于身体,这是对睾丸的虐待,会严重影响它的发育,尤其在发烧或剧烈运动体温增高时,影响更为严重。平时内裤松紧要适宜,运动之后应宽衣解带尽快散热,以免影响睾丸的健康发育。

2. 隐睾辨别方法

是不是真正患了隐睾症,男孩自己也可以做初步检查。在洗热水澡时,阴囊泡在温热的水中,睾丸会自然而然降到阴囊末端,这时最便于摸到阴囊里是否有睾丸。

6. 月经为何不来了

雯雯一年前就有了月经初潮，可是近3个月，月经都没有来潮，这使雯雯感到奇怪。当雯雯把情况告诉给妈妈时，妈妈慌了神，反复问雯雯，是不是有男孩"欺侮"她。雯雯十分委屈，再三说明没有男孩"欺侮"她。尽管雯雯妈知道女儿是个非常诚实和规矩的孩子，不会乱来，可她还是有点不放心，月经究竟为何会停止呢？她决定周日带雯雯去医院做检查。

分析辅导

少女月经初潮后，在一两年之内月经没有形成稳定的周期，有时十天半月来一次，有时两三个月不来，月经血量也时多时少，这都是正常现象。

少女在初潮之时，卵巢发育还不成熟，控制卵巢的内分泌系统功能不够稳定，所以有的少女月经来潮后要过数月再来，有时发现不规则出血，有时短期闭经后又出血。

初潮后月经紊乱的表现为:周期紊乱、血量增多、血量减少或闭经。经过一段调整时期,卵巢发育成熟,形成有规律的排卵,才能建立起正常的月经周期。

作为少女的母亲,应注意观察女儿月经周期,教给孩子科学的经期保健知识。遇到经期紊乱现象,要冷静分析,了解孩子的心理、生活和学习状况。切勿随意把月经不规律或暂时停经与怀孕联系在一起,以免伤了孩子的自尊心。

父母须知

影响经期紊乱的因素

(1) 心理。心理压力过大,情绪波动,过度悲伤,恐惧,考试焦虑等。

(2) 营养。接受了大运动量的训练或不科学的强制减肥,使身体所需的营养不足。

(3) 卫生。不注意经期卫生,造成阴道细菌感染。

(4) 冷食。在经期无节制地吃生冷瓜果、冷饮。

(5) 冷暖。经期不注意保暖,身体受寒。

(6) 药物。服用了一些导致月经紊乱的药物。

(7) 环境。如搬家或转到一个完全不同的环境,需要一段身心适应期。

(8) 怀孕。怀孕也是少女在月经形成规律之后却突然停

经的原因之一。这需要根据少女的实际行为和医生的检查结果而确定。

少女经期紊乱确实应当引起重视，母亲可带女儿及时向医生咨询。

7. 阴茎多大才正常

一天，爸爸在卫生间门口碰上丁丁，见儿子手里拿着一把塑料尺。丁丁爸还没缓过神，儿子便红着脸跑回了自己的卧室。丁丁爸多半猜到了儿子的秘密：这小子在测量自己的阴茎吧？男孩通常喜欢和同伴比较阴茎的大小，丁丁爸小时候也做过这种事，所以对儿子的举动并未太在意。

分析辅导

多数男孩都很关心自己的阴茎是否"够大"。不少人承认曾经偷看过别人的阴茎，常有自己阴茎"小"的感觉，这是较普遍的困惑。实际上，绝大多数人的担心是多余的。

重视阴茎的大小是原始"男性生殖器崇拜"的心理再现。阴茎本是雄性的特征，但似乎成了天赋力量的象征。男性群体是一个富于竞争性的群体，"装备"强大成了一种心理需求，男性关心自己的阴茎大小也就成了很自然的事。

事实上，绝大多数人的阴茎大小并不存在问题。同样大小的阴茎,从上往下看和从侧面看印象是不同的,自己的阴茎比别人小的错觉由此而来。其实,看起来较小的阴茎在勃起时并不一定比别人小。据对 10 000 名男性阴茎大小的统计调查表明,较小的阴茎勃起后呈现成倍的增大;而较大的阴茎勃起后的增大只在 20%～30% 之间。勃起后阴茎的大小在统计上并没有显著差别。可见,过于担心自己的阴茎大小是毫无必要的,也是自寻烦恼。

真正的小阴茎在男性中所占的比例很小。小阴茎多半是由体内器官异常或内分泌疾病引起,此类病人往往没有性能力。医学上,只有成人后阴茎长度小于 4 厘米的才能诊断为小阴茎。有专家提出,成年人阴茎在疲软状态下短于 5 厘米,勃起后不超过 8 厘米的,可视为阴茎短小。但这与尚未完全发育的孩子的阴茎不能混为一谈。

不要以为体格越壮、身材越高,阴茎就会越大。在人体所有器官中,阴茎与整体发育的比例关系最小。实际情况是,阴茎的大小与身高、体重、体质强弱没有直接关系。所以,骨架粗大、肌肉强壮,并不等于阴茎也大;相反,骨架细小或偏瘦弱的人,其阴茎在疲软状态下却并不一定小。

生活中的确有男性自以为阴茎偏小,或感到"阴茎变小"了。这一方面反映了他们对自己身体敏感部位的变化特别关注,另一方面也反映了性知识的缺乏。

呵护青春健康

一般男孩在 11 岁之后睾丸和阴茎才开始发育,也有人到 15 岁左右才发育。阴茎发育成熟后的大小与发育的早晚和整个躯体的大小均无直接关系。

8. 帮女儿选配乳罩

晓晓14岁了，胸部有了明显变化，但还不了解戴乳罩的目的，只是看到周围的女同学大部分戴了乳罩。现在到了穿单衣的季节，晓晓很想问妈妈，是不是自己已经到了该戴乳罩的年龄？如何选择适合自己的乳罩？妈妈猜得出晓晓的心事，只是自己并不能给女儿一个明确的答复。

分析辅导

女孩什么年龄开始戴乳罩最合适？没有一个标准的答案，因为女孩乳房的发育有早有晚，同样年龄的女孩的乳房的大小有差异。如果过早地配戴乳罩，乳罩的固定、托起作用会对胸部有一定程度的束缚，对乳房的发育产生负面影响；如果太迟，乳房已经发育得非常充分了，仍然不戴乳罩，因缺少乳罩的固定、托起作用，乳房容易下垂，且活动时多有不便，乳房易受意外损伤。因此，母亲应该在适当的时候与女儿一同去选购乳罩，让她适时戴上合体而舒适的乳罩。

专家建议

选择乳罩也要有所讲究,才能达到保健目的。

(1) 乳罩的型号要与乳房大小相适应,不能太紧。尤其是少女发育期,随着乳房的发育,要及时更换适合的型号。

(2) 乳罩的质地不要太硬,要柔软、有承托力、有一定的透气性,以纯棉的为好。乳罩的背带不能太细太窄,更不能用细绳代替,以免损伤皮肤。

(3) 夜间就寝时应把乳罩取下,使乳房和胸、背部肌肉放松,有利于局部血液循环。

父母须知

少女的乳房发育到什么时候才适宜戴乳罩呢?

有如下几点意见供您参考:

(1) 乳晕及乳头部隆起成为一个小丘,乳头突起。

(2) 穿单衣时,看得出乳房的线条。

(3) 运动时,乳房会颤动。

(4) 穿紧身衣时,可看到乳头突起。

(5) 胸上围与胸下围的差距在4厘米以上。

(6) 用软尺从乳房的上底部经过乳头量至乳房的下底

部，尺寸大于 16 厘米。

另外，大家都知道，随着月经周期的变化，乳房的大小也有变化，所以乳罩的大小也应该是变化的，应该酌情更换不同尺寸的乳罩。

9. 恼人的青春痘

李建以优异的成绩考入了市重点学校。高一后半学期，他脸上长出了青春痘，从零星几个到"繁星点点"，最后满脸都是。李建为此心中郁闷不已，总是躲着同学，虽然整日闭门读书，成绩却出现了滑坡。李建甚至想休学，回家调养一段时间，又不知父母是否同意。他为此很苦恼。

分析辅导

青春痘出现的时间、严重程度与内分泌有很大关系。青春期是从童年向成年过渡的时期，也可以说是一个"更年期"。这是内分泌从一种平衡向新的平衡转化的过程，在这个过程中很可能出现内分泌失调的情况，雄性激素突然增多就是青春痘的主要成因。

内分泌波动程度和回归平衡所经历的时间，与心理状态有着直接的关系。心情焦躁、郁闷，不但会妨碍内分泌回归平衡，还会造成内分泌紊乱，使青春痘增多。父母应告诉孩子青春痘的生理成因，使其坦然面对。

父母须知

医学上称的痤疮俗称青春痘，多发生在面、胸、背部，当属发生在面部的最让人烦恼。

除了雄性激素水平外，青春痘的出现还与遗传因素、皮脂腺分泌水平、上皮角化亢进、痤疮丙酸杆菌等因素有关系。痤疮丙酸杆菌能产生一种酶，这种酶将皮脂腺分泌物分解产生游离脂肪酸。游离脂肪酸又刺激毛囊引起毛囊炎症，表现为一个个毛囊变红隆起，形成红丘疹，外部细菌在此繁殖则形成脓疱。单纯的皮脂腺分泌旺盛，而毛囊口角化物堵塞了毛囊口，皮脂腺分泌物堆积形成白色粉刺，其顶部氧化变成黑色，即黑色粉刺。

青春痘与内分泌有直接关系，所以常在月经前加重。辛辣、高脂食物，精神压力，缺少睡眠都会使青春痘加重。化妆品选择不当也会引起青春痘加重。

治疗：

四大原则：溶解角质、减少皮脂腺分泌、杀菌、消炎。

采取何种药物及治疗方法一定要经过医生检查决定，切不可听信广告或到私人美容店去处理。

预防：

少用含油脂多、含粉质多的化妆品；禁用糖皮质激素制剂；少吃辛辣、油脂食品，多吃含维生素及纤维素丰富的食品；保持大便通畅，保证充足睡眠；不可挤、搔、抓，可用粉刺挤压器将内容物挤出，还可用药物面膜。用手挤、抓容易引起毛囊发炎，引发细菌感染，导致脓疮。反复的炎症容易形成疤痕。

10. 女孩经期需护理

"女儿每次来月经的那几天我最头疼了!""我也是,真的很麻烦!""哪像我们那会儿啊!月经来的时候自己忍着。现在的孩子可不得了。女儿在月经期间,成了重点保护对象,全家要尽量满足她的要求,就这样还发脾气,真拿她没办法。"

在社区的花园里,母亲们相互诉苦。

分析辅导

女孩在月经来临的几天里,特别是头两天,可能会心绪不佳、焦虑紧张、胸部肿胀、头痛、睡不好、注意力不集中。可是月经一来,这些症状就消失了。特别是初潮不久的女孩,这些症状更加突出。所以,做母亲的应主动关心女儿的月经情况,并担负起为女儿排忧解难的责任,准备月经用品,适时介绍经期卫生知识,使其保持情绪稳定,提供富有营养的饮食,指导她料理个人卫生。

专家建议

父母应该告诉女儿,虽然月经是生理现象,但在月经期间,身体和生殖器官局部抵抗力会稍有下降,若不注意经期卫生,容易引起生殖器官甚至全身性疾病,对日后的生殖健康带来不良影响。因此,注意月经期自我保健是十分重要的。月经期的自我保健主要有以下几个方面:

(1) 所用的卫生巾要干净,适时更换,以防感染。

(2) 经期不可洗盆浴,要洗淋浴,以免不干净的水进入阴道。

(3) 要保持外阴清洁,每日用温开水清洗外阴一次。

(4) 月经期间应避免剧烈运动,也应避免过重的体力劳动。

父母须知

有些女孩会有经前期紧张症,即在月经前一周左右出现各种不舒服,如腹胀、腰酸的感觉;还有的人有各种"上火"表现,手脚发胀、鼻子不通气、口鼻干燥、流鼻血、头晕、头痛、恶心、心烦、易怒,常常在这个时期莫名地向别人发火,个别人到了不可理喻的程度。

由于内分泌的变化与情绪的变化总是有密切的关联,所以经期有些情绪的改变也不足为奇。如果情绪变化过于激烈，影响学习，就应该到医院求助。内分泌失调，全身运转不顺畅，会大大影响情绪。如果内分泌问题不大，但情绪随月经周期起伏较大。症候严重的，可适当用抗焦虑的药物，但要按医生的指导用药。

11. 少女可否接受妇科检查

● 甜甜已经16岁了，还没有来月经。她见到别的女同学已来月经了，担心自己是否正常。而妈妈还把甜甜当成小孩子，根本没有在意甜甜一直没来月经这回事。

● 苹苹每次来月经的时候，下腹就痛得厉害，但月经后又没事了。她总担心这样的疼痛是否正常，想去做妇科检查，又怕妈妈不同意。

分析辅导

青春期的少女月经来潮不久，下丘脑—垂体—卵巢生殖内分泌轴系的功能尚不健全，较少有感染疾病的机会。但青春期少女仍可能出现成年妇女所具有的种种妇科问题。

不少女孩能够坦然接受全身体检，但却害怕面对妇科检查。其实，一般情况下，医生做妇科检查时，对少女只做肛门指诊，不通过阴道，不会损伤处女膜。如果病情复杂或病变部位特殊，需要做阴道检查，事先都要征得父母和病人的

同意,少女们不必为此担心。

少女如有下述情况,需要做妇科检查:16岁尚未来月经;初潮后闭经半年以上或月经规律后又闭经两个月以上;月经过少或过多;严重痛经;多次逆经;白带多,外阴瘙痒或发炎;腹部(特别是下腹部)有包块;急性下腹部疼痛;乳房不发育;多毛;阴部发生创伤等。

1. 经期不规律

许多青春期少女的月经周期和血量均不规律,在初潮后的1~2年中,月经周期间隔可达2个月或3个月,这是正常的。然而,如果间隔更久,出现继发性闭经,就应该做相应的检查。

2. 继发性闭经

青春期继发性闭经主要是由于下丘脑—垂体—卵巢轴系功能的暂时性障碍引起的,器质性原因所致者较少见。妊娠也是继发性闭经诊断时一个需要排除的因素。个别少女过早发生性关系而自己对妊娠方面的知识却毫无了解,直至妊娠晚期才被父母或老师发现。影响继发性闭经的原因还包括情绪性紧张,体重骤然减轻,服用某些影响内分泌的药物等。

3. 痛经

经期前后或行经期间出现下腹部痉挛性疼痛，并有全身不适，严重影响正常生活。痛经分原发性和继发性两种。经过详细妇科临床检查，未能发现盆腔器官有明显异常者，称原发性痛经，也称功能性痛经。继发性痛经则是因生殖器官有明显病变，如子宫内膜异位症、盆腔炎、肿瘤等。

12. 经期遇上考试

马上就要高考了,家人都在为晓月创造良好的备考环境。晓月的成绩一直很好,但每当月经期恰逢考试,晓月的心理状态就不是很好,从而影响成绩。妈妈细心一算,糟糕!高考时间正好是晓月的月经期,那可怎么办呢?

分析辅导

大部分女生都会遇到测验或考试与月经期重合的情形。有些人认为,在月经期,人的生理机能是脆弱的,肯定会影响考试效果,尤其是对中考、高考等重大考试而言。如果把月经时间人为调整一下,错开考试那几天,是否可以避免月经期带来的影响,最大限度地发挥考试水平?依据现在的医术,人工地调整月经期是太简单的事情了。那么,人为调经有无害处呢?

我们可以明确地告诉父母,人为调整经期得不偿失。第一,考试期间,人是高度兴奋的,注意力已集中到了做题上，根本顾及不到月经的影响，身体也就不会产生相关反应了。如果真的能集中精力做题，肯定能正常发挥，月经的影响可忽略不计。另外，人工调整月经周期是把自然周期打乱，实际上是让女孩处于内分泌紊乱之中。在打乱原有的自然平衡，达到新的平衡之间，是内分泌的动荡期，此时体能的发挥不会很好，倒不如保持自然的内分泌状态来得平稳一些。

如果女孩月经期伴有痛经、恶心、呕吐、腹泻、头痛或经血量多等症状，或者精神萎靡、注意力不集中、情绪忧郁、烦躁等，那不仅影响到考试时的临场发挥，而且会有碍正常学习与生活，这就必须看医生了。

有痛经史的女孩应及早去医院检查，弄清原因，再根据医生的建议做相应的治疗。民间流传着很多治疗痛经的偏方，其中最常用的方法是喝红糖水。这种方法很有效，因为红糖中含有麦角新碱，可促进子宫收缩，有助于排出瘀血，同时具有暖宫的作用。此外，喝姜汤也能达到缓解痛经的效果。其实对付痛经最好的方法是用解热镇痛类药物，服用后镇痛效果可达12小时。

如果在经前期已有腹痛及紧张感，就需要服用一些维生素和微量元素，像B族维生素，尤其是维生素B_6，它能够稳定情绪、帮助睡眠，使人精力充沛，同时也能减轻腹部疼痛。建议行经期的女孩睡前喝一杯热牛奶（牛奶中含钾多），并加一勺蜂蜜（蜂蜜中铁含量丰富）。

不提倡采用药物手段使月经提前或推迟，因为这对内分泌平衡很有影响。要提醒月经期的少女根据考场的冷暖穿衣，以免受凉。月经期不要戴有金属衬的乳罩，不穿紧身衣裤。

13. 少女外阴瘙痒

最近，妈妈发现婷婷的行为有点怪异，她老是在阴部抓挠，写作业时也不安分，屁股在凳子上扭来扭去。妈妈怀疑婷婷阴部有什么毛病，否则就是有了不良的习惯。这该怎么办呢？妈妈担心婷婷的健康，但又不好意思问，怕伤了女儿的自尊心。

分析辅导

少女外阴瘙痒是较普遍而又难于启齿的问题，对其学习和生活带来不便。女孩到了青春发育期，阴道会流出一些清白色液体，叫"白带"，这是正常的分泌现象。俗话说"十女九带"，女人都会有白带。白带说明雌性激素在起作用，预示着月经即将来临。少女在月经初潮之前先有白带，以后每次月经之前白带都会增多。白带对女孩的生殖健康起着很重要的作用，是生殖道的卫士，它不但可保持阴道与外阴的湿润，而且有抑制病菌繁殖的作用。

如果白带量过多,有臭味、发黄,起泡沫,有豆渣样物质,并且阴部奇痒,那就应该到妇科做检查和治疗。

少女要穿宽松、透气的纯棉内裤,勤洗、勤换、勤晾晒,保持外阴清洁干燥,保持卧具清洁卫生。

注意外阴清洁。平时应准备专用洗具,做到"一人、一盆、一巾、一水",先将小方巾置入刚煮沸的开水中浸泡15分钟,晾温后使用。

避免使用有刺激性的香皂、肥皂、沐浴液。切忌搔抓阴部,瘙痒难忍时可转移注意力,如听音乐、看电视、到户外活动等。

注意月经期卫生,使用合格的卫生巾。

衣物、床单、被罩应单独使用和洗涤,防止家庭之间疾病传播。

患病时不要羞于启齿、讳疾忌医,不可"有病乱投医"或迷信广告,不可擅自用药治疗、掩盖病情,以免影响诊断,延误治疗。诊断明确后,要在医生指导下用药。

父母须知

外阴瘙痒是妇科疾病中比较常见的症状，发生的部位多为阴蒂和小阴唇区域，严重的可涉及大阴唇、整个阴道口、会阴部、肛门，甚至大腿内侧。轻症患者的瘙痒为间断性，有的仅发生在夜间脱衣上床之后；重症的瘙痒多为持续性。由于瘙痒难忍，不得不用力搔抓摩擦瘙痒部位，或者用热水烫洗外阴，以致患者憔悴、烦躁；同时由于患处皮肤反复受到刺激和搔抓损伤，可引起继发性病理变化，如外阴干痒，皮肤变白，阴道外口缩小等，最后形成外阴白色病变。父母若发现女儿有外阴瘙痒症状，应及时带她去求医。

14. 少男也需青春保健

● 皮皮喜欢穿牛仔裤，因为同学们都说，男生穿牛仔裤就显得个子高大、帅气。皮皮买了几条牛仔裤，不管季节变化，轮流穿着。可最近，他发现自己的阴茎出现了炎症，小便时常伴有疼痛。

● 晓伟是初二的学生，同学们老拿他的胡须说事，因为他的胡须比别的男生茂盛得多。他为此特别苦恼，总喜欢在没人的地方偷偷地拔胡须，可是胡须不但没有减少反而越拔越多，变得又粗又黑。最近他的嘴唇出现红肿，到医院诊断才知道是由拔胡须引起的皮脂腺发炎。

长期穿紧身裤，特别是透气性差、散热不好的化纤类"兜裆裤"，致使阴囊处于密闭状态，空气不流通，容易滋生细菌，引起生殖道的炎症，同时也阻碍阴囊皮肤散热降温，限制血液循环，妨碍精索静脉回流，对精子的产生和身体的

营养很不利。长此以往,容易造成不育的后果。

紧身裤虽时尚,但从生殖健康的角度来说是不好的。男孩在买牛仔裤时,应选择稍宽松、透气性好、棉质的为宜。

男孩进入青春期,随着性发育的逐渐成熟,口唇部开始出现胡须,这是很自然的现象。但是有些少男认为长胡须不好看,用手或镊子一根一根地拔,这是一种不良习惯。

拔胡须时不仅疼痛,而且拔掉的只是毛干、毛根。由于拔不掉毛球、毛乳头和毛囊,因此胡须仍可再长出来,而且极易损伤面部皮肤、毛囊及相邻的皮脂腺,附在皮肤表面的细菌就会乘虚而入,引起毛囊和皮脂腺发炎,形成疖肿。胡须所在部位正是医学上所说的"危险三角区",发生在这个区域内的感染很容易扩散,引起更为严重的炎症。如果蔓延到颅腔内的海绵状静脉窦,有可能引起脑膜炎或脓毒败血症。因此,胡须不可拔,长了可以用剃须刀刮去。

父母须知

生殖器是每个人很重要的器官,维护它的清洁,保护它的安全很重要。

1. 男孩应经常清洗阴茎

男孩的包皮通常是盖住阴茎头的,随着青春发育,阴茎上的包皮会逐渐向上退缩,慢慢露出阴茎头。在这一变化过

程中,阴茎头部冠状沟内很容易聚积污垢,形成"包皮垢"。包皮垢是适宜细菌栖息之地,细菌容易导致包皮和阴茎头发炎,这种炎症甚至和阴茎癌的发生也有着一定的关系。所以,男孩应经常清洁阴茎,将包皮往上推送,用温水清洗。每次遗精后,不但需要换内裤,还应及时清洗阴部。

2. 注意运动状态下对睾丸的保护

男孩喜欢运动和蹦跳打闹,但要随时注意保护自己的生殖器,并且切记,千万不要踢打他人的阴部。睾丸是男性的重要器官,它十分娇嫩,又因为露在外面比较容易受到伤害,因此更要小心地保护。

15. 孩子手淫怎么办

强强的妈妈有一次在无意中发现13岁的儿子在手淫,她很尴尬。如果强强的妈妈是偷偷发现的还好,偏偏是和儿子撞了个正着,当时她的脑子里一片空白,不知道该说什么,只得扭头离开了。事后,她心里一直忐忑不安:难道儿子学坏了吗?

分析辅导

手淫是许多青少年为缓解性压力而采取的一种"自慰"方式。目前,医学界普遍认为,适度的手淫是无害的:①有助于缓解性压力;②因为是私下行为,不影响社会观瞻,不涉及他人利益;③自身性体验在一定程度上是将来伴侣间性关系的启蒙。医学界也同时指出,手淫过度对身体是有害的。

如何面对孩子手淫,让我们看看下面这个例子。

一位父亲发现他的儿子正在卧室里手淫,意识到这是一个教育孩子的好机会。为了避免孩子产生罪恶感和恐惧心理,他平静地对儿子说:"小子,你已经长大了。我在你这么大的时候也有过这种情况,不要担心。"接着他对儿子讲了关于青春期性萌动的原因,并介绍了自己当年克制手淫的经验,鼓励儿子尽量转移对性的注意力。随后父亲带着儿子去打球,告诉孩子,运动是最好的释放压力和愉悦身心的办法。

这位父亲的做法很值得学习。他首先告诉孩子那是正常的,防止孩子产生恐惧心理。有些父母撞见孩子手淫时,不是骂就是打,殊不知这样做更会强化孩子的性压抑感,因而可能更依赖手淫。当然,这位父亲并未放纵孩子,而是以切身体会和实际行动帮助孩子克制,转移注意力。这样做不仅维护了孩子的自尊心,还使父子关系更加亲密。

父母须知

父母碰上孩子手淫可以暂时回避,以免惊吓孩子。但事后一定要找机会委婉地劝告孩子。一方面讲明手淫是在私下里"自慰",有助于缓解性冲动、释放性压力;另一方面又必须指出,不可将手淫当作唯一的宣泄方式,若成癖上瘾,就可能危害健康。可以告诉孩子以下控制手淫的方法:

(1)除了上厕所和清洗时,不要用手碰触外阴部。

（2）尽量避免独处，找几个好的伙伴，常与他们在一起。

（3）尽量不裸身睡觉，避免触碰生殖器官。如果在卧床时发生性冲动，可起床做点别的事，以便转移注意力。

（4）要远离色情读物，选一本好书放在床头，最好每天睡觉前读一段使人增长知识和陶冶性情的内容。

解读青春密码

16. 少女丹妮的心事

丹妮是一名初三的学生。细心的妈妈发现丹妮最近总是一副若有所思的样子。在妈妈耐心的询问下,丹妮终于说出了自己的心事:她喜欢上了一个男孩。可是她连一句话都没有和那个男孩说过。丹妮是从老师那里知道他书法不错,虽然他相貌平平,说不上"帅",但不知为什么,丹妮竟暗恋上他了。

妈妈听了丹妮的述说,也不知该怎样回应。

分析辅导

中学女孩很难说谁没有过这样的经历。情窦初开,一见倾心,难以忘怀。这种"自作多情"纯洁得如一湾清水,美丽得如一片白云。初春的"暗恋"是性感情发育的正常现象。父母和孩子都不必过虑。

青少年应该积极地发展与异性的友情,但还远远称不上"爱情"。男女同学能保持纯洁的友谊是一种高尚的境界,千万不要因为一时的冲动将它破坏。有些感情只有深藏心底才觉美丽，一旦表达，反而淡了、俗了。在对方毫无准备的情况下，你的表白会成为她（他）的负担，令其不安，也会使你自己难堪。

专家建议

面对女儿感情的困扰，父母可以尝试这样做：

（1）追忆当年自己青春期时的感受。你有过青春期的躁动吗？那时你对异性有过渴望吗？当年，你曾经喜欢过什么人吗？如果你能回忆当年的感觉，你就有了和孩子沟通的基础，此时再说理解孩子就不会是一句空话。试着把你当年的经历讲给孩子听，包括你当年的喜悦与烦恼。

（2）鼓励孩子与异性同学坦然交往，以缓解青春期对异性的好奇与神秘感。孩子在与异性同学的接触交往中，就不会把注意力只集中在某一个人身上了。青春期的女孩还应得到父亲的更多关爱。

（3）青春的情绪需要宣泄，他或她可能表现为"爱上"一位异性；可能表现为写日记、打电话，甚至是和一位异性单独外出。别急着去反对，去偷看日记，甚至去"盯梢"，更不能每天对孩子旁敲侧击。这样只能让孩子对父母产生反感，甚至和父母对着干。

要给孩子一方自由的天空。比如,帮孩子组织生日聚会,鼓励其参加集体活动,让孩子广泛接触异性;绝不做偷看日记、偷听电话之类的蠢事;建议孩子外出时多约几个人,这样会安全些。无论男孩还是女孩,都要对他们讲清生活中可能遇到的危险,以及应急的方法。

(4)青春期少男少女对性知识关注是正当的,聪明的父母要给孩子提供适合的读物。要关心孩子网上的去处,必要时电脑要安装过滤软件;要注意孩子接触的音像制品、课外读物,防止不健康的内容污染孩子纯洁的心灵。之所以把如此重要的一条放在最后,是因为有了前面的沟通和理解,这最后一个问题就会迎刃而解了。

17. 少女为何恋老师

小萍上高二了。怀着青春的渴望,爱的种子悄悄在她心中发了芽。她爱恋的不是某个男生,而是她的语文老师。她觉得语文老师虽然不算英俊潇洒,但却有一种男人的魅力。语文课上,小萍被老师的幽默风趣深深地吸引,时常想入非非。为了能多和语文老师接近,小萍主动申请当语文科代表。她每天都盼着上语文课,还迷上了写作,希望自己的作文能被语文老师在班里宣读,更希望语文老师特别关注她、欣赏她、喜欢她。小萍把她对老师的眷恋倾诉在自己的日记里。有一天妈妈偷看了小萍的日记,内心很担忧。

分析辅导

处于青春期的少男少女对比自己年长的老师萌生爱慕之情,这是一种感情上的"自寻出路",一般是"单相思",不会构成安全隐患,父母不必紧张。孩子在性意识萌动的青春期比较容易对年长的异性产生依恋之情，也就是我们平时所说的"牛犊恋"，就像小牛犊对老牛的依恋。老师，尤其是优秀的老师，在学生的心目中有着很特殊的位置。有的学生会被老师的学识、人格魅力和对学生的关爱所打动，从而把心中积聚的爱欲投向并不知情的老师。这是一种发自内心的、纯洁的和美好的自我情感体验，无可厚非。因为这种感情往往是单向的，得不到回馈，多半会在以后的成熟过程中自行消失。所以，如果孩子不愿说出来，父母也不必去揭穿，让其成为孩子的一种不对他人开放的隐私。

孩子对异性老师的情怀在很大程度上是对亲情的渴望，对受关怀、受庇护和得到肯定的期待。理解了这一点，父母就可以平静地观察孩子的表现，不必去触及孩子的隐私心理。父母平时应该创造一种与孩子交流的和谐氛围，多听孩子怎样描述他（她）的老师，很自然地询问孩子喜欢老师哪些优点，然后循循善诱地帮孩子分析什么是好感，什么是喜欢，进而告诉孩子，异性之间的好感和喜欢可能发展为爱恋，但那是相互的，并且要以承诺和责任为条件。说到此就可以打住了，给孩子留下独立思考的空间。

总之，"牛犊恋"是青春期感情发育的征兆，是一种正

常的过渡,父母不必太担忧。

实际上,"恋师"现象在少女中十分常见。从心理学的观点看,这是少男少女性意识、性感情发展中的一种过渡,很难说它对当事人的学习、人际交往会有多大影响,影响有可能来自父母的鲁莽斥责或羞辱,也可能来自学生一方的自责、羞愧、惶恐等负面情绪。所以,父母的责问和压制会适得其反。一般说来,这种对长者的迷恋会在一两年之内逐渐消失,过渡到把同龄异性作为眷恋的对象。在经过一段时间的迷失之后,当事人会自然回归,走上属于自己的生活之路。

导致恋长的原因是多方面的:

(1)现在学校中少男少女的正常交往得不到积极的指导,甚至受到阻碍。那些胆大的外向型男生可能把与同龄异性的交往转入地下,背着父母和老师危险地进行;而那些性格内向、胆小怕事的学生就可能把目光投向身边的老师或其他成年人,这样可以避免社会舆论的"早恋"压力,作为一种感情寄托而暗恋起来,又使心理需求能得到某种程度的满足。

(2)我们的社会长期以来以男性为中心,男性长者一般

比女性更拥有社会地位和权力,他们对于不谙世事的少女具有诱惑力。一个经验丰富又和蔼可亲的成熟男人容易成为情窦初开的少女的偶像。

(3) 在"长者恋"中,学生一方往往有某种特殊处境。比如少女从小缺少父爱,少男自幼与单身母亲生活在一起,家庭经济窘迫,或者孩子过于浪漫或过于虚荣、极富同情心,追寻偶像等,都可能是"长者恋"的潜在诱因。

不能否认个别长者利用少男少女年幼无知的弱点引诱他们,以满足自己的欲望。情窦初开的少男少女通常很少渴求性关系,然而有些道德败坏的长者通过不正当的手段勾引少年男女,激发他们的性欲,与其发生性关系。这实际上已构成性侵害,可是少男少女并无防备。

18. 儿子恋母怎么办

曹可的母亲是一个非常能干的女人，她将家里料理得有条不紊。但曹可的爸爸妈妈关系一直不好。这位能干的母亲将自己的全部感情都寄托在儿子身上，对他关怀备至、呵护有加。曹可直到15岁仍和妈妈睡一张床上。曹可的父亲则住在原本给儿子准备的房间。

看电视时，曹可躺在妈妈的怀里，爸爸看不惯，说了句："这么大的男孩像什么样子？"曹可就以不满的眼光盯着爸爸，突然冒出一句："我知道你吃醋了，我就是不让你和妈妈在一起！"妈妈听了不但没有异议，反而将儿子搂得更紧。

但是，妈妈渐渐有些不安了。曹可睡觉时，手不离妈妈的乳房，他还常常抱着妈妈的脸吻了又吻，一副十分惬意的样子。妈妈觉得不对劲儿，要儿子回自己房间睡觉。曹可又哭又闹，一会儿说害怕，一会儿说不会盖被子。

分析辅导

曹可表现出的恋母情结是十分明显的，而这一切与他母亲的养育方式密切相关。

首先，曹可的母亲与丈夫关系不好，就把所有的感情寄托在儿子身上；其次，在儿子渐渐长大，甚至到达青春期时，她还与儿子保持身体的密切接触。试想，一个性意识已萌动的男孩会对母亲的身体无动于衷吗？可以说是母亲的"恋子情结"导致了儿子的"恋母情结"。这种现象不妨叫"母子互恋情结"。这是我们要特别当心的一种亲子关系异常。

人类与动物不同，人类的两性之爱有道德和法律约束，亲子之间是不允许有性爱关系的，法律上有禁止乱伦的规定。所以，母子或父女之间无论怎样亲密，那只能是两代人的亲情，与异性间的情爱是截然不同的。而处于成长期的曹可并不懂得这样的道理，由于特殊的成长环境，他的欲望宣泄对象竟然指向了自己的母亲。这种性心理的错位不仅可能妨碍他的成长和未来的恋爱、择偶、结婚，任其发展还可能做出违背道德和法律的事。母亲要清醒地认识到这种危害性，采取耐心教育的方法和坚决的措施，纠正儿子的心理、行为偏差。

 **专家建议**

(1) 从母亲做起，自觉地与儿子保持一定的距离。母亲应该有自己的生活，不要将全部心思放在儿子身上。要明白，儿子不可能永远生活在母亲的护翼下，他必须有独立的空间，准备承担起家庭和社会的责任。

(2) 要向儿子正确解释一些生理现象，传授必要的性知识，让儿子认识"男女有别"的界限，给儿子留一个独立成长的空间。

(3) 要特别注意性别角色的示范，让儿子多与父亲接近。父亲要有意识地教导儿子，明确什么是男子汉的责任、角色和风范。

(4) 要注意孩子的人际交往。青春期是孩子逐渐从家庭小天地里走出来，进行同龄朋友包括异性朋友交往的重要阶段。要鼓励孩子多结交异性朋友，使孩子的性欲望或性压力在自然交往中得到安全的宣泄，以利于其人格和心理的健康发展。

父母须知

"恋母情结"一词来自希腊神话。传说一个叫俄狄浦斯的男人不认识自己的父母，轻蔑和敌视他的父亲，在一次比赛中杀害了他的父亲，又娶了他的母亲，所以这种情结又称"俄狄浦斯情结"。精神分析学派的鼻祖弗洛伊德借此来说明男孩有爱恋母亲而憎恶父亲的无意识倾向。他的学说后来受到人们的批评，认为缺乏足够的根据。在实际生活中，父母完全可以成功引导孩子，避免孩子形成"恋母情结"或"恋父情结"。

事实证明，凡是不能摆脱恋母或恋父情结的男孩和女孩，性心理都不易成熟，孤僻不合群，不善于与同龄人交往，对异性苛责或抱有不切实际的幻想，因为他们总是以自己的母亲或父亲为标准去选择结交什么样的异性，并容易产生情感依赖。这对孩子的性心理发育非常有害，甚至会影响他们今后的人际交往和婚姻的幸福。

19. 藏在作业本里的生日卡

晚饭后，小雅忙回自己的小屋做作业。翻到语文作业本时，她眼前一亮：一张粉红色的生日卡光彩夺目，顿时扰乱了小雅的心绪。

生日卡上那两行温馨的祝福话语本是印刷好的，但配上男生小吉的名字，使小雅备受刺激。小雅一遍又一遍默念着那两行祝福，脑海里翻腾着小吉那魅力四射的男子汉身影。她内心埋藏着的压抑感、期待感、饥渴感伴着委屈与凄凉一股脑儿涌出来，袭击着她脆弱的神经，眼泪滴落在生日卡上。她再也控制不住自己的情绪，索性趴在床上呜呜地哭起来。

小雅刻骨铭心地记得，父亲从家里搬走的那一天，正是她12岁的生日。父母离婚了，哪有心情祝贺她，只有几张来自同学的贺卡伴着小雅度过了那段日子。2年过去了，母女俩就这样相依为命地过着失去"阴阳和谐"的单调日子。这学期，班里转来一位高大魁梧的男生小吉，立刻引起了小雅的注意。他的身材、脸形似乎都有些像她的父亲。小雅很是高兴，从此心情也好了起来。她仿佛每天都是为了小吉去上学的。渐渐地，她觉得小吉也在注意她，不时向她投来关爱的眼神……

今天又是小雅的生日，在学校她已经收到10多张生日卡了，但却没有小吉的。谁知，小吉是语文科代表，竟然"假公济私"地把送给小雅的卡片藏在她的语文作业本里。这种默默的祝福多么浪漫，让小雅何等感动，这不禁又勾起了她那种复杂的思绪……

分析辅导

情窦初开的少女由于体内雌性激素的大量分泌使她成为强烈的"阴性"磁场，她一定会被周边的"阳性"磁场吸引。所以，父亲成为女儿最先被吸引的异性磁场，本在情理之中。这种"阴阳平衡"的家庭环境对孩子的性心理健康发育十分有利。然而，小雅的父母离异了，父亲又偏偏在她12岁生日时离去。小雅的性心理突然失去了依托，生日成了痛苦的记忆。"父爱饥渴"中的小雅在失落与思念中不由自主地搜寻着"替代父亲"的形象，终于发现了小吉。其实，小吉不过是那些给她送生日卡的同学之一，只因为有点

"像"她父亲，一张善意的生日卡竟使小雅悲喜交集。这种"借题发挥"和"自作多情"在尚属幼稚的青春少女中并不少见。

小雅对小吉的情感反应除了"恋父情结"外，可能还有情窦初开少女的那种性幻想和"单相思"。把握得好，可成为平衡性心理、释放性压力的正当途径；但若把握不好而"陷"进去，则可能酿成苦果。设想有一天，小雅按捺不住内心的冲动向小吉表达爱慕之情，而小吉并无同感并加以拒绝，小雅会做何反应呢？因此，小雅此时最需要心理疏导。如果母亲不知所措，就需请心理老师或其他朋友、亲人帮助了。

专家建议

（1）小雅和母亲处在一个单亲家庭中，母女都承受着特殊的心理压力。她们应当扩大自己的生活与交往圈子，多从亲属朋友那里得到心理安抚，尽快度过家庭变故带来的伤痛，尽可能减轻母女"相依为命"的凄切感和单调感。

（2）母亲应当学习青春期性健康知识，了解女儿进入青春期的种种心理感受，包括渴望父爱和需要"异性磁场"滋养的心理。即使无法让丈夫重回身边，也应当努力说服丈夫与女儿保持亲情往来。夫妻关系可以割断，但亲子关系是无

法割舍的。"就当他死了吧"这句话是绝对不应对女儿说的,这会使女儿更伤感,甚至可能因此产生对母亲的怨恨。

(3)给孩子过生日往往是加深亲情的最好机会。父母的争吵或分手绝不应选择在孩子的生日那天。父母一方若离开家庭,也应当不忘记祝福孩子的生日,最好在孩子生日时当面祝福,表达和加深感情。这对离异的父母可能有些困难,但负责任的父母是应当努力去做的,以弥补和减少孩子因父母离异所受的伤害。从这个意义上说,父母双全并且双方都能与孩子生活在一起,共同履行养育和教育的责任,这对于青春发育期的孩子的性心理健康有着特别重要的意义。

"父爱饥渴"

渴望父爱,这是青春期男孩和女孩最深沉的心理需求,但父爱对男孩和女孩性心理发育的含义有所不同。作为"阴性磁场"的女孩,父亲是她取得"阴阳平衡"的对象。优秀的父亲可能成为女儿心中的第一个"偶像",在父亲身边的那种感觉滋养着女儿心理的健康。缺少父爱的女孩容易过早陷入与其他"成熟"异性的感情纠葛,其实是她在饥渴中寻求"替代父亲"的情感补偿。

而男孩需要父亲在身边向他注入"男子气",培养安全感和自信心。他在与父亲的接触中,学会幽默、豪爽、豁达。总之,一个男孩是从男人身上学习做男人的。缺少父爱的男孩容易怯弱、狭隘、压抑,个别男孩还可能陷入纵欲和暴虐行为,因为他弄不清什么是真正的男子气,却又想表现自己是个"男人"。

20. 青梅竹马为何背叛

李娟的父亲和高朗的父亲是同事,两家又是近邻,两个孩子从幼儿园到小学都在同一个班。高朗的父亲有车,常带着两家人出去玩。看见李娟和高朗是那样亲密无间,父母们都很高兴,甚至开玩笑说:"这一对青梅竹马,肯定是美满姻缘了!"

李娟是个有心的女孩。上初中以后,她和高朗不在一个班,但放学时还总是约他一起回家,家里有好吃的也记得给高朗送去。她隐隐觉得和高朗的关系不再是玩伴,感情上已彼此依恋了。情人节那天,她给高朗送了一张祝福卡,并在上边认真地写了一行字:永远在一起!过了几天,她又背着父母请高朗去"情侣咖啡"店享受了一顿温馨的晚餐。至此,她确信高朗属于她了。

两个孩子更加亲密地来来往往,父母们毫不介意,似乎还有意"成全"他们呢。

然而,进入初三后,情况突然变了。高朗对自己班里的一个女生有了兴趣。李娟当然不肯让步，每到放学，她总是到高朗的教室门口截他，但常被高朗甩掉；她照常给高朗家送去好吃的，但高朗却爱理不理，有时还故意躲在房间不出来见她。

李娟母亲发现女儿近来情绪低落，学习成绩有些下降。有一天晚上，李娟给高朗送年糕回来，竟一头钻进自己的小屋哭了。母亲坐在女儿床边劝她说："这次测验不及格算不了什么，失败是成功之母嘛！"

妈妈的话毫不见效，李娟越哭越伤心了。"怎么回事啊？"妈妈一边心疼地给女儿擦着眼泪，一边喊李娟的爸爸过来。

见父母担忧地站在她身边，李娟终于忍不住哭道："高朗这个花心大萝卜，他已经背叛我了！"此时，李娟的父母相对无言，开始觉得自己做错什么了。

分析辅导

李娟的伤心来自于她对青春友情的误解和对高朗的过分依恋，也来自父母们不适当的心理暗示和"成全"之举。

李娟哪里明白儿时的玩伴"过家家"只为开心而已，大人开个玩笑，何必当真？即使青春期的异性友情，也不过像蓝天上的白云那样纯洁柔美而脆弱短暂，微风吹过就会飘去。因此，青春期的少男少女应当广交朋友，建立开放的异性友情，不排他，不保密，不做出"永远在一起"的承诺。今后的路还长着，谁知风云如何变幻，何必作茧自缚？明白了这一道理，才不会过早陷入对某一个异性的"爱情"里。父母也不应对幼稚的孩子开"青梅竹马"之类的玩笑，以免造成不良的心理暗示。

高朗对李娟的态度同样出自错把"友情"当爱情，以为要交新的异性朋友，就必须抛弃李娟，以示对后者的"专一"。如此理解和行动下去，不知高朗还会"抛弃"多少女孩，或许不久自己也将像李娟那样陷入被"抛弃"的苦境。如今那些中学生甚至小学生"失恋"的故事，不就是这样频繁地演绎着吗？

春天下雪了，清晨是白皑皑一片，在朝阳的映照下，多么妖娆美丽！到了下午，春雪化成了水流，悄悄渗进了土地。少男少女若能这样理解青春的情趣，还会有李娟那样的痛苦和高朗那样的"负心"吗？

专家建议

（1）童年时两小无猜的玩伴长大后各自的感情如何发展变化是谁也无法预见更无法规定的。现代社会与传统社会有很大的不同,人们的求新求变意识空前强烈,"青梅竹马"型的婚姻已不多见。父母千万别在本是玩伴的孩子乃至看似亲密的少男少女面前出语不当,以免误导孩子。

(2) 学校应当把青春期性健康教育的重点放在讲解青春情感的问题上,让孩子真正明白"友情"和"爱情"的不同要求,以及"爱情"与"婚姻"的关系等,以免他们过早陷入情感的漩涡,招致可悲的后果。在这方面,增加父母的性知识是相当重要的。实际上,有些孩子的问题不过是父母问题的一部分。

(3) 如今大中学生的"失恋"情形日益增多,而且已经曝光了一些悲剧事件。媒体多半热衷于炒作"风流"故事,却很少真正去关心失恋者的痛苦。因此,让专业的心理咨询师帮助"失恋"的青少年已经成为不可忽视的社会需求。教育部门应当做出特殊的努力,培训心理辅导老师去帮助学生处理好"失恋"情绪,以减少不测事件的发生。

父母须知

"青梅竹马"

青梅竹马来源于唐朝诗人李白的诗句,它赞颂的是男女之间两小无猜的恒久之情。在传统的封建社会里,人们无权自由选择配偶,只能听父母之命或媒妁之言成婚。相对而

言，青梅竹马的儿时朋友能结为夫妻就很满足了。

但今天的时代已经大大地不同，人们的活动范围扩大，机遇增多。不仅可以广交朋友，就是选择恋爱对象，也可以"挑三拣四"。这正是时代赋予了人们自由与自主权，可以选择自己更满意的婚姻配偶。因此，青梅竹马已不是如今理想的婚配模式。

童年和青春时期的友情是弥足珍贵的，但它毕竟多半不是爱情，如果误将友情当作爱情，不但会给自己和对方增添很多烦恼，连友情也可能失去。

21. 幻想亲密接触

妈妈去收拾儿子胡鹰的房间时发现抽屉没上锁,好奇心驱使她拉开了抽屉,翻出儿子的日记本。刚看了几页,她就脸红心跳。她万万没有预料到,表面老实勤奋的儿子竟然在偷偷干着那样的事!

原来,儿子的日记里写有他和一个女孩亲密接触的事。他详细描述了那位女孩美丽的外貌、姣好的身材。他们曾一块儿逛商场,相拥着看电影,甚至在月光皎洁的夜晚,他们在公园角落里拥抱、接吻……看完日记,妈妈跌坐在地上,惊恐与愤怒交织在她心里。

终于等到胡鹰放学回来了。妈妈猛地将日记本砸向儿子:"你都干了些什么?那个女孩是谁?你们怎么那样下流?"

胡鹰懵了,他真的不知该如何回答妈妈的责问。他一气之下将日记本撕毁。"谁让你偷看我的日记?你侵犯我的隐私权!""你干了见不得人的事还嘴硬?""啪",一记耳光扇在儿子脸上,胡鹰不顾一切地冲出了家门。

> 妈妈知道儿子不会吐露实情,于是去找胡鹰的班主任。她没想到,班主任听完事情的经过后,表现很平静,并称胡鹰在学校表现很好,学习努力,虽然和几个女同学关系不错,却没有发现他与哪个女生有过出格行为。
>
> 妈妈冷静下来后,似乎也没有发现儿子"早恋"的蛛丝马迹。"难道是我错怪了他?日记里的内容又是怎么一回事呢?"胡妈妈迷惑了。

分析辅导

青春期是性发育成熟的时期,也是生命力最旺盛的时期。性欲望和性冲动在孩子的内心日益强烈。为了缓解积聚在内心的性压力,而又不发生越轨行为,有些孩子学会了自慰。而性幻想,就是自慰的方式之一。

胡鹰日记里描写的,很可能是他性幻想的内容。通过日记把幻想记录下来,表达对女孩的爱慕,以释放内心的冲动。胡鹰在内心深处有着最浪漫、最性感的幻想,但他又是学习努力、人际交往正常的好学生,这也许要归功于他的"自慰"办法。这种写日记的办法不仅没有错,甚至值得其他青少年学习呢!

如今,小说、电影、电视剧、歌词、互联网,哪里没有男欢女爱的情节？它们对正处于性发育期的孩子，怎么会没有刺激作用？在此情况下，青春期孩子有性自慰行为，是十分正常的。可惜的是，胡妈妈太缺乏有关青春期性健康方面的知识，她的无知和粗暴，不仅侵犯了儿子的隐私权，而且毁坏了儿子幻想中的那份美好、浪漫、甜蜜的青春情感。

专家建议

孩子进入了青春期，父母不仅应当关心子女的学习和身体健康，更应了解孩子性心理的发育，平等地与孩子进行沟通，倾听孩子的想法，尊重孩子的人格。但现实却常常不是这样，两代人之间的隔膜有时就是一条无法逾越的鸿沟。当父母难以得到关于孩子的真实信息时，就不惜偷看孩子的日记。而由此引出亲子间的激烈冲突，会使孩子更加疏远父母。

孩子虽然并未成年，但人格上与成人是平等的，不尊重孩子的隐私，会使孩子自尊心受到伤害。无法想象，一个没有隐私的孩子怎么可能成熟？自身隐私没有得到尊重的人，怎么能学会尊重别人的隐私？

看来，教育今日的父母显得十分必要。父母不应轻易地把在家里发生的亲子冲突向老师报告，因为这也涉及家庭隐私。动辄向老师告状的父母不是好父母，青春期的孩子更需

要安全感。

性幻想

即使成年人也不乏性幻想。只是青少年思想更活跃,性压力更难以排解,不得不更多地采用性幻想来"自慰"。少男有自己心中的白雪公主,少女也有白马王子。他们幻想同自己心爱的人演绎出各种浪漫故事。尤其是在看了令自己心动的爱情故事后,他们喜欢将书中的主人公变成自己,写在日记中,成为值得骄傲的作品,自我欣赏,自我陶醉。

性幻想是一种性宣泄渠道,它是在内心最隐秘之处演绎的心情故事,以此获得心理满足和平衡。这种幻想既不妨碍他人,更不危害社会,无可指责。许多孩子用性幻想来满足一时的需要,激情过去后照常生活、学习。只要不沉溺于其中,不将幻想与现实混淆,性幻想就是无害的。

22. 可否与异性同学约会

刚上初三的小蔚是个阳光女孩。她性格开朗活泼,学习成绩优秀,乐于助人。她是英语科代表,班上好几个男生的外语在她的帮助之下都有进步,为此,班主任老师多次表扬过她。

可是,最近她遇到了一件令人烦恼的事。那天,英语测验的成绩下来了,男生张涛得了82分,这可是他从来没有取得过的好成绩。张涛兴奋之余,对小蔚说:"谢谢你的帮助,明天我请你吃麦当劳!"小蔚随口答应:"好啊!有人请吃饭,咱还不去吗?"于是,两人第二天在麦当劳痛快地吃了一顿,聊得也很开心。但在买单时,小蔚坚持AA制,付了自己的那份钱。

这个礼拜五放学时,张涛约她第二天下午去长虹公园玩。小蔚问有没有其他同学,张涛说没有。小蔚有些发怵,结结巴巴地说:"看……情况吧。"张涛则说:"一定去,我等你!"

> 回家后,小蔚把这件事告诉了爸妈,爸妈坚决反对,并警告小蔚以后不要单独和男生在一起,后来还把此事告诉了班主任,要班主任转告张涛的父母。张涛为此被父母狠狠骂了一顿,从此张涛和小蔚从好朋友变成了仇人。

分析辅导

儿童期的男孩女孩,喜欢跟父母在一起玩耍。父母陪伴他们,买玩具给他们玩,使他们开心。然而,当孩子长大一些,就不愿跟父母在一起玩了。如今的独生子女一代,家中没有同胞兄弟姐妹,跟谁去玩呢?自然就在家庭之外找同龄的伙伴玩了,同学、邻居家的孩子,甚至公共场所结识的同龄人。如果这样的同龄玩伴来自异性圈子,就格外让孩子感到新鲜、欣喜、兴奋甚至难分难舍。而从一旁观察的父母,内心总有一种莫名的担忧:是不是孩子有点儿不正常?是成熟太早还是"学坏"了呢?不管制他们会不会"出事"?其实,从孩子成长的角度看,到达十一二岁的男孩女孩,开始体验异性之间的友情,是十分自然甚至是必需的。那些处在花季雨季的少男少女,如果压根儿就没有与同龄异性朋友交往的兴趣和能力,那倒是一个值得重视的问题了。

张涛约小蔚吃饭也好,去公园也好,多半就是为了表达他的感激之情。就算希望心理交流,也是少男少女的正常需求。约会地点都是公共场所,并非地下活动,并且小蔚诚实地告诉了父母,这有什么值得怀疑的呢?张涛在小蔚的帮助下进步了,是双方父母和老师应该高兴的事。可是上述故事中,几位成年人干涉孩子的正常交往,硬是把好事变成了坏事。看来,青少年的父母和老师都应该正确理解青少年的交往需求。

专家建议

应当鼓励少男少女集体交往,避免陷入"一对一"的小圈子关系中。但是,就像成年人交朋友有亲疏远近一样,孩子们的朋友中也有不同的关系。对于十分熟悉、了解而又关系较好的异性同学,为何不可以有单独交往的机会?只要这种交往是在大庭广众之下,而不是秘密活动,就不会有危险,父母不应过分干涉。父母对自己孩子的品行与诚信度应当有把握,对于像小蔚这样的诚实孩子,父母的信任更有助于孩子培养责任心。

父母和老师在少男少女交往的问题上应该转变观念和态度,从封杀、堵截到疏导、关心,并与孩子坦诚地讨论。前者会造成"逆反",甚至弄假成真,后者才会使青春友情发挥积极功能,促进孩子健康成长、人格健全,将来拥有幸福美

满的人生。对于女孩外出赴约,父母应当告诉孩子如下几点:

如果邀你赴约的男孩平时与你接触时表现得不自然、不坦荡,甚至有超出同学关系的言行举止,那么,这次约会就有可能是他试探你的第一步。如果对方平时有许多异性朋友,言谈举止大方、坦率,并不在意你与其他男孩的交往,你对他又较为了解,那么与他单独聊聊天,一块玩玩也未尝不可。如果对方只是好意约你去看个电影或一起去参加某个活动,只是把你当作众多"玩伴"中的一个,此时,你当然可以将其作为一种正常的社会交往大胆赴约。

对于抱有恋爱目的的约会,最好婉言谢绝。只要巧妙得当,既不会伤害对方的自尊心,也可以使男孩明白你的态度和用意,从而放弃那种想法。如果实在无法推脱或不好意思伤对方的面子,也可以邀上自己最要好的朋友一起去赴约。总之,要把主动权掌握在自己手里。

父母若发现自己的孩子与异性同学有某种交往,切忌向老师"告密",更不应当向对方的父母和孩子施加压力。"保护隐私"是至关重要的原则,除非孩子有违法犯罪之嫌。

父母须知

少女赴约,父母应提醒的几件事:

(1)从自身的安全考虑,少女赴约不应去偏僻、人烟稀少或自己不熟悉的地方，更应避免去对方的单独住处。咖啡厅、电影院等人多的地方安全系数较大。去之前，应该告诉父母自己要去哪里，大概什么时候回来，以免父母担心。

（2）在与异性相处时，应表现得落落大方、自然坦荡，把握好接触的分寸。作为女学生，要仪表端正、穿着得体、谈吐得当，不要使对方产生误解，引出非分之想。许多事实证明，在少男少女的交往中，女孩的态度是最重要的。接触中，如果发现对方举止不端或有非分之想，应机智地找借口尽快离开。

（3）在校学习的女孩，一般应避免与社会中的成年男性单独约会。对感觉不好或缺乏信任感的人可以拒绝赴约。须知，邀女孩赴约是对方的心意，而答应不答应完全是女孩的权利。

23. 儿子"爱"上丑女

"我那上初三的儿子，竟然交了女朋友。这么小就搞对象，真把我气疯了！"电话里传来带哭腔的愤怒声音。

"儿子告诉您那是他的'对象'吗？"

"儿子当然不肯告诉我，是邻居家的大姐看见他和一个挺丑的女孩在街上手拉手地走路。儿子回来后，我问他，他恬不知耻地说那是他新认的大姐姐，还说班里的男孩差不多都有了姐姐、妹妹什么的，就数他最傻了。"

"您不觉得独生儿子有个大姐姐一起上学、聊天，就不那么寂寞，是件好事吗？"

"他不寂寞？我可寂寞了！自从他爸爸跟那个妖精鬼混去了，我们娘儿俩就相依为命。但我发现儿子最近不爱搭理我了，原来是在外边搞对象呢。再说，那个女孩那么丑，哪里配得上我的俊儿子啊！"

"那么，如果是个漂亮女孩呢？"

"那我兴许就同意他们好吧。"

"您这不是在给自己挑儿媳妇吗？太早点儿了吧？是您有问题还是儿子有问题，请您冷静想一想。"

电话那边沉默了许久，最后听到"嗯"的一声，就挂断了。

这是"青苹果"热线接到的一个咨询电话。

分析辅导

（1）成年人的偏见。作为父母，似乎都忘记了自己从青春期走过来的那段经历和体验，只记住了后来"搞对象""性生活""生孩子"等场景。一见孩子有异性接触，就立即把成年人的印象套在孩子身上，这不符合孩子的实际，还误导了孩子的行为，不仅不被孩子接受，而且可能驱使孩子"弄假成真"。

（2）对科学的无知。父母很少明白，孩子进入"青春期"的意思，就是体内性激素的增长，使孩子成为一个"性别磁场"，男孩为阳极，女孩为阴极。阴阳磁场的相互吸引，加之性激素的进一步作用，使孩子体貌发生符合自己性别的变化，即出现"第二性征"。男女"第二性征"截然不同，有差别就有吸引。于是，看不见的磁场效应加上看得见的外表吸引，使青春期男孩女孩有相互接近的欲求，这是物理现象、生理现象、心理现象，实属自然。只要孩子不"退磁"为中性人，这种效应就必然在孩子青春期显现出来。

（3）对青春友情的误解。少男少女在"磁场效应"中自然地进入异性世界，直观地认识异性，并从与异性的交往中认识自己，从而读懂异性，明白自己，还可以在交往实践中学习性别尊重、性别平等和相宜的性别角色，这比任何的理论教导都有效。如果说这种交往与未来的恋爱和婚姻有什么关系的话，那么可视为"早期铺垫"或积极准备。一个人不能等到考试再读书，而是先读书、再考试。恋爱、结婚是人生路上的重大考试。很难想象，处于自由择偶时代的青少年，在其少男少女时代连异性之间的交往都不曾有过，却在20多岁突然去参加选择"终身伴侣"的考试，这样如何能够顺利通过呢？从这个意义上说，我们希望把"早恋"改为"早练"，即未来择偶结婚的早期练习。实际上，今天许多青年男女不曾自然而广泛地进行过不带有婚姻目的而结交异性朋友的练习，一交往便去谈婚论嫁，甚至径直把婚姻当作练习本，错了便撕毁重来，代价岂不是太昂贵了吗？当今的离婚率日益上升，是否与此也有关呢？

（4）单身母亲的心理依赖。许多离异的单身母亲，或因丈夫长期不在身边而孤独寂寞的中年女性，把自己的感情孤注一掷地寄托在孩子身上，不知不觉对孩子产生了控制甚至"占有"的心理，不能容忍孩子与其同龄伙伴的亲密交往。

这种情况尤其明显地发生在母亲与青春期儿子和父亲与青春期女儿之间。这里有着某种依恋情结，如果长期得不到缓解与疏导，将导致父母与儿女双方的性心理扭曲，严重的会造成孩子将来的恋爱挫折和婚姻不幸。这就需要对单亲家庭的父母进行特别的指导、关心和帮助，使他（她）调整心态，去重新建立自己的生活空间，不要把注意力全部集中在孩子身上。"放飞孩子的心灵"是孩子健康成长的必要条件。

专家建议

青春期少男少女相互吸引的"磁场效应"这一科学问题，亟待向父母解释清楚，以便消除他们普遍患有的"早恋恐惧症"。

部分单身母亲把感情过分集中在儿子身上，试图以母爱来弥补失去的夫妻之爱，这不仅是某种性心理异常的表现，而且还容易导致儿子性心理障碍。这类母亲应该主动去寻求心理咨询师的帮助。

24. 孩子是否同性恋

段伟和甘军同在一个班级。两人一高一矮，一胖一瘦，是一对特别要好的哥们儿。母亲对甘军十分严厉，这使他胆子特别小，性格较软弱，遇事优柔寡断。而段伟个子高大，性格刚直，好打抱不平。当甘军被其他男生欺负时，段伟总是护着他，为他打抱不平。甘军对段伟深深地崇拜，甚至产生了一种依恋。无论到哪里，他都愿意跟着段伟，言听计从，亲热地称他为"段哥"。段伟也为有这样一个小"跟屁虫"而自豪。

为了感激段伟对自己的呵护，甘军常从家里给"段哥"带来好吃的；段伟没有钱花了，甘军总是大方地接济他；段伟参加篮球比赛时，甘军常给他抱着脱下的衣服，还为他备上饮料。

看着他们两个形影不离，有时还搂搂抱抱的亲密样子，有同学开玩笑说："你看他们像不像两口子？"有的同学对甘军说："你干脆称他老公得了！"甘军受了同学的嘲弄，开始对自己与段伟的关系感到疑惑：我们是不是同性恋？

关于同性恋的传言终于被双方父母听到了，他们异常紧张，各自采取了行动。甘军的父母禁止孩子与段伟往来，段伟的父母也决定让孩子转学。此后，两个孩子不得不停止往来，但彼此心里都感到很委屈。他们不明白：少男少女之间的交往常被堵截，两个男孩之间的友情也有罪吗？

分析辅导

段伟和甘军之间谈不上同性恋，更像是大哥哥和小弟弟的关系。甘军由于性格比较软弱，个子小，被人欺负，于是他找了一个"保护神"——段伟。而段伟能获得甘军的崇拜，又能以自己的能力去扶助弱者，自然更有男子汉的自信。他们之间没有同性的性行为，不具有同性恋的典型特征，至多是一种"同性依恋"关系。

但是，若甘军长期将自己置于"大哥哥"的保护之下，对自己的性别角色定位和性心理成长都是不利的。发展下去，甘军容易出现性别取向的混乱，影响到他与异性同学的接触交往。因此，甘军应该正确认识、评价自己，克服自卑和依赖，一方面要向段伟学习其男性的风度和气质，另一方面也要鼓励和训练自己成为男子汉。须知，男子汉并不是表现在个子高大上，而是一种内在的力量与气质。如果没有自

信，个子再高也算不上男子汉。

青春期是人格形成的关键时期，人格的形成有多方面因素，家庭的影响不可忽视。有的男孩没有男性应有的勇敢、果断、坚强等品质特征；相反，胆怯、软弱、不自信，这可能与他们在家里被父母过度保护、过分束缚有关。父母，尤其是父亲，在培养儿子男子汉气质方面负有重大责任。

有同性依恋倾向的青少年，随着年龄的增长、心理的成熟，绝大多数很快会成长到两性爱慕期，一般不会发展为同性恋。但如果同性之间过分依恋，就容易丧失与异性交往的机会或兴趣，从而导致未来两性关系的适应障碍。

面对少男少女的同性依恋情结，父母和老师所能做的，是鼓励孩子与更多同学交往，不要陷入两个人的小圈子，更要鼓励他们与异性同学建立友谊，以便培养正确的性别认同感。

像甘军和段伟的父母那样采取了强硬措施扼杀两个男孩之间的友情，是不可取的。在教育不到位、孩子不明白道理的情况下，这种做法可能导致心理伤害，或者造成逆反行为。

父母须知

同性依恋

从儿童期过渡到青年期的生理心理发育,大致要经历两小无猜期、两性疏远期、两性爱慕期和恋爱期。但有些青少年在两性疏远期中可能有另一种自然倾向——同性依恋。心理学研究表明,青春萌动前期的少男少女渴望友谊,急切寻找能理解自己的人;同时,他们又正处于对异性的排斥阶段,异性同学之间不能大大方方地交往,出现明显的男女分界。在与同性朋友交往中,有些男孩渴望与见多识广、刚强勇武、有独立见解的"哥哥"交往;女孩则愿意结识年龄稍长的、能理解自己和爱护自己的"姐姐"。他们开始是追随,进而发展为爱慕依恋。

这种情结的发展在两性疏远期是十分自然的。因为在这个阶段,异性之间的交往和亲近最易受到同学们的注视和非议,而同性间的接近和亲热,则显得自然和安全。这种青春期同性依恋与同性恋不是一回事,不要把同性同学之间比较要好或亲密的现象随便视为"同性恋"。

25. 渴望友情与信任

孙蓓读高三了,她与班上一个男生走得很近。他们一同上学,一块回家,周末相约自习、逛电脑城,跑得很远去买参考书。也许是高考压力下的孤独使两个人彼此产生信赖,觉得有一个人陪伴就增添了挑战高考的勇气。他们不觉得这样有何不当,因为他们只是亲密地并肩作战,谁也不曾对谁许诺什么"秋后的果实"——他们尚未耕耘爱情。

可是两人的关系很快在同学中引起了议论。孙蓓想,以老师对我的了解,她会信任我的。但那天开家长会,孙蓓远远看见李老师态度严肃地在和妈妈个别谈话。她猜想李老师已经对她失去信任了,于是做好了抗争的准备。以她的性格,很可能会拼个"鱼死网破"。

但奇怪的是,预料中的风暴没有到来。妈妈看着孙蓓,说:"你们老师说,到这时候了,还有男女生在谈恋爱。我想我们小蓓是不会那样傻的,妈妈相信你是一个明白事理的孩子。"孙蓓心里一块石头落下了。她回答说:"知女莫如母,我们就等着让高考的结果来说话吧!"

一切又回归平静。后来,孙蓓如愿考上北大,那个男生考上北师大。他们两人还是偶尔相聚的朋友,但各自都在自己的新学校里努力着。

分析辅导

在繁重功课和激烈竞争的压力下,在枯燥的学习生活中,青少年非常需要来自同伴的鼓励和帮助,尤其是来自异性同学的关怀。这种关怀像心灵的抚慰剂,有助于缓解心理压力、增强挑战困难的勇气和信心、给"黑色六月"增添一丝亮色。可是,有些父母和老师往往见不得男女生交往密切,动辄就扣上"早恋"的帽子。事实证明,由于成年人对"早恋"的恐惧及对孩子的不信任,使不少的"冤假错案"伤害了孩子甚至殃及孩子的前程。

幸好孙蓓的母亲是一个了解和尊重自己孩子的开明女性。她的含蓄与淡然,既恰到好处地提醒了女儿,又表明自己对女儿充分的信任。试想,如果她把事情闹得沸沸扬扬,可能造成女儿的逆反,女儿说不定还会大义凛然地为了"爱"做出一些后果不堪设想的事情。

对少男少女异性交往的需求与行动，疏导或堵截，结果是完全不同的。父母明智与耐心的疏导，可以惠及孩子一生；盲目与粗暴地堵截，则可能毁掉孩子的一切。

已进入高中的孩子，离成年不远了，其成熟度与辨别是非的能力有较大提高，独立意识进一步增强。此时的父母，与孩子之间的关系应该是"大于+等于"，既做师长，又做朋友；既负引导责任，又尽朋友之谊，平等地与孩子讨论问题。这对孩子自尊心与自信心的发展大有好处，也能缩小"代沟"，建立和谐的亲子关系。

许多父母习惯于把异性交往与学习对立起来。其实，青少年在异性面前是最需要自尊的，若有异性从旁关注和提醒，欣赏和鼓励，这往往是孩子要求上进、不甘落后的最佳动力。孩子在与异性交往中，有机会将内心对异性的情怀自然表达出来，将性压力安全地释放，才能以轻松平静的心理专心致志地学习。相反，内心充满了神秘与好奇或渴求与压抑，却不能通过正当途径去排解，总在那里"庸人自扰"或"身在曹营心在汉"，是不可能集中精力学习的。父母和老师应当积极地、全面地看待少男少女的交往，从旁辅导、引导，使孩子的异性友谊健康发展。

解读青春密码

"早恋"与"早练"

处在性成熟期的青少年,积极发展异性友情对其人生有着深远意义。他们在两性交往的实践中,增加对异性世界的认识,学习两性之间的尊重与平等,交往的礼节与分寸,训练相宜的角色行为,对于他们不久即将面临的恋爱、择偶、婚姻大有裨益。一个人不能等到考试再读书,而应先读书、做练习,然后再参加考试。而恋爱、择偶、婚姻就是人生路上最重要,也是最困难的考试。从这个意义上说,不妨把"早恋"一词改作"早练",给孩子的异性交往以正确的定位、解释和建设性的引导,以防孩子走弯路。

26. 网络恋情莫当真

黄峥读高二时，因为做腿部的肿瘤手术，在家休息了3个月。寂寞无聊中，他学会了上网聊天，很快在网上结识了网名为"美人鱼"的网友。在交谈中，得知对方是一个读高一的女生。"美人鱼"除了向黄峥请教学习问题外，还不时向他表露一些感情，黄峥被她的温柔和关心所打动，两人的"网恋"迅速升温，几乎每天都要互诉衷肠。

不久，两人又开始通电话，一个女孩甜甜柔柔的声音，使黄峥完全被她迷住了。黄峥真诚地表达爱意，并决定到那个遥远的城市去见心中的白雪公主。

暑假，黄峥在弟弟的陪同下踏上了寻爱的征程。当那个日夜思念的女孩出现在他眼前时，他的心情激动无比。她和家人热情而又不失分寸地接待了兄弟俩。3天后，当黄峥兄弟即将返程时，那位女孩告诉黄峥，他们不过是网友，不适合恋爱，黄峥顿时像掉进了冰窖，垂头丧气地回家了。

分析辅导

黄峥是幸运的,他毕竟见到了"白雪公主"。有人说,网上世界是个虚拟的世界,网恋多半是在错误的时间、错误的地点,与错误的对象谈一场错误的恋爱。多少人上当受骗,多少网恋"见光死",黄峥的遭遇完全符合规律。好在他除了旅费之外,并无大的损失,还增添了一种人生阅历呢!

黄峥在经历了一次网上练习之后,也许今后在现实的爱情探索中会变得成熟、老练些,所以不必为此后悔。再说,那个女孩在网上抒发自己的感情,与黄峥一样是青春期的正常表现,她的父母也热情接待了黄峥的造访。但见面后的印象没有令那个女孩满意,她诚实地表明不适合恋爱,也是对黄峥和她自己负责任的态度。黄峥应当感谢她的冷静与诚实。

专家建议

网上交友作为一种新型的社交方式,现在已被青少年广泛接受。尤其是那些性格较内向或缺乏交往机会与经验的青少年,在网上进行沟通联系,提高交往技巧和表达能力,不一定是坏事。但网聊毕竟是在虚拟世界中的交流,无法替代

现实中的人际交往。如果沉溺其中，就可能把手段当目的，导致心理依赖，甚至造成精神异常。父母要密切关注孩子上网的情况，设定必要的规矩，监督执行。应当坚决反对和制止未成年人到营业性网吧去消磨时间，那里不安全。父母在不知底细的情况下，也不应当允许孩子与异地的网友见面，以防不测。

鉴于目前已有孩子上网成瘾，甚至患上网络综合症，严重殃及健康与正常的生活、学习，父母应对这类孩子采取果断措施，必要时寻求心理医生的帮助。

构筑青春防线

引领孩子度青春

27. 色狼有标记吗

芳芳14岁了,经常到邻居小江哥哥家去玩。小江已经大学毕业了,不仅人长得帅,还很关心芳芳的学习,经常辅导芳芳学英语,给芳芳买她喜欢吃的巧克力。

有一次,芳芳的爸爸出差了,妈妈上夜班,芳芳没有带家里的钥匙,放学后去了小江家。芳芳在小江哥哥家吃了晚饭后开始做作业,小江突然一把抱住了芳芳,掀开她的上衣,把手伸向了她刚开始发育的乳房。芳芳被小江这突然的举动吓得不知所措,本能地给了小江一个耳光,然后流着眼泪冲出了屋子。

分析辅导

"色狼"是人们对企图实施性侵害的人的俗称,他们并无标记,人们难以识别。在日常生活中,父母要教孩子学会观察周围人一些反常的细节,预防性骚扰。要明确告诉孩子,拒绝除父母和医生以外的其他人碰触自己的身体,特别是身体的隐私部位,这是自己的权利。

当孩子告诉父母曾经遇到"色狼"事件时,父母一定要保持镇静,帮助孩子消除恐惧,然后分析情况、寻找对策。比如芳芳的妈妈发现女儿的异常情绪之后可以这样问女儿:"是不是有人欺负你?告诉妈妈你遇到了什么事?妈妈一定会帮助你。"

另外,父母要教育孩子避免单独与成年异性相处。比如芳芳的父母,可以劝阻芳芳与小江单独相处。在小江同意的情况下,可以把他请到家里来辅导芳芳学习。但在芳芳受到骚扰之后,就应禁止她继续与小江往来。

专家建议

父母需要给孩子提供必备的自我保护知识。

(1)要明确告诉孩子,自己的身体是不可以被别人(除了父母和医生)任意碰触的。

(2)帮助孩子观察自己接触的异性的特点,强化自我保护意识,培养应变能力。

(3)如果受到性侵犯,一定要选择报案,不要因为担心出丑而委屈了孩子,同时向学校或社会寻求消除孩子心理阴影的帮助,比如心理咨询等。

(4)在学校、家庭和社会不同的环境中,都要让孩子明白，保护自己的身体和生命安全是最重要的。

广义的猥亵

包括除强奸、乱伦外所有妨害社会风化的色欲行为，如鸡奸、兽奸、当众手淫、散布淫秽书刊等。

狭义的猥亵

包括公开暴露生殖器，强制在对方性感区进行抠摸、搂抱、吸吮、舌舐等行为。

28. 公交车上的性骚扰

小姨从上海托人给燕燕捎来一套粉色的露脐装,平常在学校里没有机会穿。周末一到,燕燕就迫不及待地穿上它,和同学梅子一起去逛街。燕燕和梅子逛完街时天色已经暗下来,她赶忙挤上了公共汽车。不一会儿,燕燕忽然感觉从身后伸过来一只手,正顺着她的肚脐往下乱摸!燕燕回头看见一个戴着墨镜的中年男人,她想喊叫,可又害怕;她想摆脱那只魔爪,可车上人挤得怎么走也走不开。那个人躲到她身后,燕燕吓得"哇哇"大哭。幸亏车到站了,燕燕呜咽着被人流挤下了车。

分析辅导

中小学生很容易成为性骚扰的对象。性骚扰的程度从轻到重有:轻浮的语言挑逗、动手动脚的身体调戏、强奸、乱伦。燕燕在公共汽车上遇到被成年男性故意触摸身体敏感部位这一情况,就是常见的性骚扰。

性骚扰者男性居多,年龄不定,一般情况下少女很难判断这些危险分子的行为,只能自己小心谨慎。

父母有责任告诉孩子,遭遇性骚扰时一定不要慌张,而要机智地寻找对策。如果遇到性骚扰装作不知道,不反抗,对方必然得寸进尺。像燕燕当时那种遭遇公交车上性骚扰的两难处境,想喊怕丢人,想走走不开,想摆脱却发现那人继续跟在她身后。燕燕气恼、无助、羞愧的情绪集结成恐惧,最后终于吓哭了。如果当时燕燕能勇敢一点儿,大声说:"不要碰我!"或者说:"你想干什么?"那人也许就赶快躲开了。

当父母得知孩子遇到性骚扰后,更要冷静处理。首先是理解和安抚孩子受伤的心灵,比如妈妈可以尝试抱住燕燕说:"孩子,你受委屈了!你是不是觉得很难过?"这样就可以缓解孩子受伤后的情绪。对不同的情绪需要不同的处理,只要父母坚强地对孩子伸出关爱的援手,孩子就能渐渐摆脱受骚扰的心理阴影。

专家建议

(1)让孩子明白社会不是一片净土,存在着不安全因素不足为怪,重要的是增强防范意识。

(2)告诉孩子选择适当的方法保护自己,比如在公众场所遇到性骚扰者，可以猛地踩他一脚，或者踢他一脚；在确认周围的人可以帮助自己安全脱险的时候尽力地大声呼救；对那些露阴癖的骚扰则要视而不见，让骚扰者自讨没趣。

（3）尽量不让未成年的女孩穿露脐装、迷你裙等，因为这些服装在视觉上更会刺激骚扰者的欲望，并可能让其误以为女孩属于"不正经"的那一类，更容易下黑手。

（4）培养孩子观察周围人，分析疑点、细节和应变的能力，以便做到"胆大心细，遇事不慌"。让孩子记住家庭和学校附近的派出所、治安岗亭的位置和110报警电话，便于紧急情况下使用。

（5）男孩也会遇到性骚扰，上述提醒也适用于未成年男孩的父母。

29. 遭遇强暴要自卫

　　格雅喜欢象棋,她常去社区的棋社里看大人们下棋。爷爷和伯伯都喜欢这个常来观棋战的女孩,笑称她为"小徒弟"。久而久之,格雅也学到了一些棋艺。

　　星期天,格雅到了棋社,发现爷爷们还没来,就独自坐在小板凳上等。棋社里卖饮料的长头发叔叔走过来和她打招呼:"姑娘,你又看棋来啦?"

　　格雅问:"叔叔,那些下棋的爷爷和伯伯们今天怎么都没有来啊?"

　　"棋王老李头病了,今天棋友们都去医院看他了!你想下棋,就和我下一盘吧。"

　　格雅痛快地答应了。她刚把棋子挨个儿摆好,抬头发现"长头发"蹭了过来,动手扒她的裤子。格雅狠劲地踢了那人的肚子一脚,使尽吃奶的力气对着窗户大叫,最后还用牙齿狠狠地咬了"长头发"的胳膊一口。"长头发"疼得松开了手,格雅趁机拔腿就跑。

分析辅导

棋社里的"叔叔"利用格雅爱棋的心理伺机强暴她,格雅则聪明地咬伤对方而逃离险情。格雅的故事说明,如果一个并不熟悉的人过分热情地对待你,或者邀请你与他一起游乐,你一定要多一个心眼。如果你感到不安全,一定要当场拒绝对方,并尽快离开。

性侵犯的危险有不同的情况,75%以上的性侵犯者认识受害者。比如长发"叔叔"认识格雅,而且知道她经常来看棋,如果棋社无旁人,他实施性侵犯的可能性是较大的。要提醒少女不要单独去游乐场所、公园角落、树林、地下室、空楼以及不熟悉的地方,在电影院去洗手间最好有伴,不要在路上轻易搭车等。

格雅面临强暴威胁机智脱险,这与她的应急能力有一定的关系。但是我们也不得不看到,许多父母在得知孩子受到伤害后,才痛悔平时没有教给孩子自我保护的知识。其实,自我保护意识的培养重在"防患于未然",也就是说平时要加强孩子应对突发险情的各种能力训练。

青少年遭遇强暴要如何自卫呢？建议有三：

（1）保持冷静，仔细观察对方的举动和四周的环境，寻找机会逃离。除了利用环境保护自己以外，可以大声呼救，比如高喊"着火了""抓贼"等，而不要叫"强奸"或"救命"，避免发生意外。

（2）对强暴者采用一些基本的身体还击方法。如用肘部还击，用拳头对准歹徒的脸猛击，或者用脚踢歹徒的膝盖或生殖器，扯住歹徒的头发并对准歹徒的耳朵大叫，以及用牙齿咬对方迫使其住手等。

（3）在无法求得帮助的情况下采取孤军奋战的策略，比如先假装答应，故意找各种借口拖延时间，随后找机会呼救。

总之，因为坏人往往是心虚的，所以青少年在遭遇强暴的时候不要把对方想象得过于强大，只要充分调动自己的意志力、判断力，保持强烈的求生和自我保护意识，用灵活的还击方式进行恰当的自卫，就可能通过努力获救。

父母须知

正当防卫是指公民为了制止侵害行为和避免受伤害而采取的防卫行为。《中华人民共和国刑法》第二十条规定:"为了使国家、公共利益、本人或者他人的人身、财产和其他权利免受正在进行的不法侵害,而采取的制止不法侵害的行为,对不法侵害人造成损害的,属于正当防卫,不负刑事责任……对正在进行行凶、杀人、抢劫、强奸、绑架以及其他严重危及人身安全的暴力犯罪,采取防卫行为,造成不法侵害人伤亡的,不属于防卫过当,不负刑事责任。"

正当防卫是公民的权利,每一个父母都有义务告诉孩子,在受到歹徒的抢劫、强奸、劫持等不法侵害时,应该利用正当防卫的手段,同犯罪分子做正义斗争。

30. 被强暴后的心理康复

傍晚,红红骑自行车经过社区花园路口时,有一个叔叔向她挥手说:"小妹妹,我不小心把眼镜片弄掉了,可能掉在那边的草地里了。我是高度近视眼,没了眼镜,连回家的路也分不清,请你帮我去找找镜片好吗?"

红红犹豫了一下,看着叔叔可怜的样子就起了恻隐之心,跟着那人来到了雕像后面的草地上。突然,那人反身用白毛巾塞住了红红的嘴,红红发觉上当时已经来不及反抗。那人把红红挤在雕像底座的后墙上,禽兽般地强奸了她!被强暴的疼痛和羞辱吓得红红脸色苍白、泪水横流,可是她喊也喊不出声,爬也爬不动,恐惧地瘫在地上。

分析辅导

红红被强暴,是一个巨大的创伤性事件。像很多遭遇强暴的女孩一样,难为情、羞辱、愤怒、怨恨、郁闷、恐惧等,各种复杂的心情都在冲击着她稚嫩的心灵。少女遭遇强暴以后，要明确告诉父母或老师是比较困难的，因为小孩受到惊吓以后，往往不敢说、不会说或不懂得怎么说，这就容易使坏人得不到及时的追查，逍遥法外。有的女孩认为自己"被糟蹋了"，一种深深的自卑感笼罩在心头。这时候，亲人安抚并鼓励孩子说出事情真相是最重要的。

父母一定要与孩子保持正常良好的沟通，让受伤的孩子能把心底的复杂情绪释放出来，这样可以减少被强暴后的疑虑、羞愧和抑郁心理。"以后怎么见人呢""同学们会看不起我了"等，这些想法在遭遇强暴后的孩子心里都可能存在。但父母或老师应当让孩子明白，他们是受害者，是无辜的。有的孩子还因遭遇强暴而离家出走，有的退学，还有的企图自杀。这些做法往往是缺少知识与缺少接纳、安抚的结果。

在孩子遭受挫折的时候，父母要保持清醒的头脑。首先要报警，必要时将孩子送到医院进行检查和治疗。要给孩子最大的情感支持，用实际行动保护孩子的利益，让孩子感受到真正的关心、理解和爱，而不是让孩子独自隐忍痛苦。父母在第一时间内报警和带孩子就医也可为法律帮助提供直接证据，避免歹徒以后继续伤害更多的人。"爱子之心，人皆有之"，父母的冷静、理智和接纳，永远是孩子心灵的依靠。

关于孩子遭遇强暴以后的心理康复,主要的建议有:

(1)及时报案,保留证据。父母和孩子一起做出报案的选择虽比较困难,但却很重要。案情的细节、现场物品保存完好,都是让罪犯受到应有惩罚的有力证据。捉拿和惩罚罪犯,是对受伤者最大的安抚。

(2)父母要努力了解事情真相,同时观察孩子在受伤后的各种举动,避免发生意外。给予孩子最大的支持和安全护卫,带孩子到医院进行检查与治疗。

(3)寻求必要的心理辅导。父母的言语安慰加上专家的心理支持,让孩子明白事情不是她的错,她仍是一个好孩子。

31. 女儿怀孕了怎么办

妈妈发现最近上初二的女儿总是无精打采的，每天都不能按时起床上学，到了周末就更是赖床不起。周六上午9点多，妈妈把雪儿从床上揪了起来。雪儿突然觉得胃里特别难受，"哇"的一声冲进了洗手间。

随后妈妈给雪儿整理房间。她掀开床上的被子，发现枕头下压着一张字条，上面有"××"避孕药的字样。她对这种药不陌生，但从女儿的房间发现紧急避孕药的说明书，她太惊讶了：难道一向乖巧的女儿学坏了吗？

她回想起雪儿冲进洗手间呕吐的情景，不假思索地打开了雪儿的书包，找到了仅剩的一粒"××"。她脑海里一团乱麻，立即到客厅把女儿的反常告诉了丈夫。雪儿走到餐桌前准备吃早饭时，爸爸冲过去打了雪儿一个耳光，妈妈把避孕药说明书扔在女儿面前质问："告诉我们，到底怎么回事？"

"妈妈，你就打死我吧。我和高年级的男朋友约会过

几次,上周他让我吃了一粒避孕药。我现在每天都呕吐,不知是不是真的怀小孩了。"雪儿脸色苍白地跪在地上,苦苦哀求:"妈妈,救救我吧,我好害怕!"说完,雪儿站起来捂着脸冲进了卧室,把自己反锁在房间里。

分析辅导

雪儿的身体反应和妈妈拿到的避孕药表明,雪儿与男朋友发生过性关系,有可能怀孕了。问题摆在了还没有从愤怒中清醒过来的父母面前。令他们想不通的是:女儿一直乖巧听话,怎么会一下变成这样了呢?

雪儿的呕吐和嗜睡,与妊娠反应相似,但不能就此断定雪儿怀孕,还要根据雪儿的月经情况以及医院的化验诊断才能知道真相。

其实,雪儿的妈妈完全可以先安抚女儿,然后选择冷静的方式处理。比如继续观察几天雪儿身体的变化,如果她月经过期不来,又不断地出现恶心、呕吐、嗜睡、乏力等情况,那就要马上去医院做检查。

在事情不完全清楚的前提下,爸爸打了雪儿,妈妈愤怒地斥责,这完全是于事无补的,在加剧女儿恐慌的同时,会疏远父母与女儿的关系。在女儿最需要救助的时候,父母要努力控制情绪，委婉、理智地和女儿沟通，问清楚事情的来龙去脉，然后尽早带女儿去医院检查，决定下一步该怎么办。雪儿在受到打击后把自己反锁在房间里，是有一定危险的。父母要设法尽快进入房间，防止孩子因承受不了压力而自残。

从雪儿的诉说看，她是怀疑自己可能怀孕才服用紧急避孕药的。紧急避孕药，必须在发生性关系之后的72小时之内服用才有效。雪儿在发生性关系之后一段时间才服药，很难起到事后避孕的作用。可见她并不了解避孕知识。那么，父母在愤怒和斥责孩子的同时，也应该想一想：自己是否要为孩子的无知承担一份责任呢？

专家建议

未婚先孕极大地妨害了少女的身心健康。

父母一旦发现女儿怀孕，应采取以下措施：

（1）情感支持。和女儿谈心，鼓励她痛改前非，早日驱散心中的阴影，找回自信和自爱。

（2）医疗处理。到正规医院检查，确认怀孕后，及早接受人工流产。

（3）教育她汲取教训，慎重交友，自尊自重，保护自己的身心健康。

（4）心理辅导。如果父母和女儿多次谈心之后仍然不见效，可以寻求心理热线、心理医生的帮助。

（5）为孩子的学业延续提供必要的支持。女孩意外怀孕和做了人工流产后，心理起伏较大，多数表现出沮丧、孤独、沉闷、自卑等消极情绪。这是由于强烈的焦虑感、恐惧感及罪恶感所致。父母应真诚关心孩子，设法让孩子获得必要的营养和休息，保护她的隐私，并努力帮助她走出困境，继续学业。

（6）为孩子分担一份责任。告诉孩子，在她成长的关键期，父母没有把她需要知道的知识告诉她，使她在无知中做错了事，父母感到对不起孩子，要与孩子共同吸取教训。这样，孩子心理上会轻松些。

32. 黄毒的贻害

● 初中生高伟家里的经济条件很不错，9岁时父母就给他买了电脑，但是高伟常浏览色情网站，父母从未发现。后来他和两个16岁的同学轮奸了一个16岁少女。高伟被依法判处有期徒刑8年。

● 一个领导干部的儿子刘某，15岁，妈妈在幼儿园工作，他经常到幼儿园去。刘某特别爱看淫秽书刊。有一次，妈妈要去洗澡，让他帮助照看一下幼儿园里的孩子。刘某就用这一会儿工夫，把一个小女孩弄到厕所里强奸了。刘某在法庭上承认，偷看淫秽书刊和光碟是他走上犯罪道路的诱因。

分析辅导

青春期少年性机能发展成熟，此时最容易受到色情媒体的毒害。少年喜欢模仿，好奇心强，容易接受暗示，在色情媒体的视觉刺激下，易产生犯罪动机。

上网是一种学习知识的好方法,但由于网络里有太多暴力、色情等不健康的内容,对未成年人有害。因此,对青少年及时进行性健康教育和网络安全指导与监护,是当前父母和老师的一项紧迫任务。

家庭是预防未成年人犯罪的首要防线。父母不仅要关心孩子的学习,更要关心其身心变化和行为动向,切实为孩子的健康与安全负起责任来。

1. 从小抓起,注重培养孩子的爱心

幼儿期的家庭教育对孩子的终生有着重大影响。幼儿年龄小、模仿性强、最容易接受父母的指导。这是养成良好的个性品德与行为习惯的最佳时期。

2. 加强对孩子的法制教育

家庭教育是培养子女法律意识的重要途径,是未成年人树立遵纪守法意识的基础工程。《中华人民共和国预防未成年人犯罪法》规定:"未成年人的父母或者其他监护人对未成年人的法制教育负有直接责任。"

3. 加强对孩子的道德教育

《公民道德建设实施纲要》指出:"家庭是人们接受道德教育最早的地方,高尚品德必须从小开始培养,从娃娃抓

起。要在孩子懂事的时候，深入浅出地进行道德启蒙教育；要在孩子成长的过程中，循循善诱、以事明理，引导其分清是非、辨别善恶。"

4. 加强对孩子的心理健康教育

随着身心状况的变化，与社会接触的机会增多，青少年的自主意识不断增强。但他们把握自己和适应社会的能力毕竟较弱，处在成长过程的"危险期"。青少年的心理问题往往在家庭生活中最容易表现出来，在这一时期父母对他们进行心理健康教育是十分必要的。

33. 少年强奸犯的教训

这是一个令人震惊的案例。一个刚满16岁的少年强奸了好几个女孩,其中一个还是自己的亲妹妹。他最终被送上法庭。开庭前,法官走访了这个孩子的家庭。

少年的父亲是煤矿工人,母亲是农民。因为家里住房狭小,大人小孩无法分开睡觉,夫妻过性生活又不注意回避孩子,孩子能听见也能看见。有时父母在休息日白天也有性生活。孩子谎称上学,其实是从门缝里偷看。

孩子看多了,就想试一试。一天晚上,他钻到妹妹(11岁)被窝里强奸了她,父母得知后狠狠地打了他并把他送到姥姥家,他又把舅舅的女儿(12岁)强奸了。舅妈知道后,说要到派出所告他,但虑及亲情关系,最后不了了之。然而,这个少年并未就此罢休,他后来又强奸了3个邻居家的幼女,邻居就把他告了。

根据刑法,强奸幼女应该处以10年以上有期徒刑,他最后被判了6年,因为他属于未成年人犯罪。他在法庭上痛哭流涕地说:"是自己思想不健康,爸妈给自己的温暖很少,坏影响却不少。后来爸妈教育时,我没有听进去,特别后悔。"

分析辅导

由于父母不懂科学教子,也不注意自身行为对身边孩子的影响,更不知如何在青春期指导孩子健康成长,并且从未向孩子传授法律知识,没有观察到孩子的青春期变化和行为动向,最终使孩子坠入了犯罪的深渊。

专家建议

(1)父母对孩子的身教比言教更重要。青春期的孩子有更多的性好奇心理,父母的性活动应回避孩子,以免对其造成刺激。

(2)父母是孩子的监护人,负有教育孩子的义务和责任,不可在原则问题上袒护孩子;若父母已无法控制孩子的违法行为,就应求助公安或司法机关,以免孩子的犯罪倾向进一步发展。

(3)要善于观察青春期孩子的变化,进行科学的引导,帮助孩子树立正确的性道德观念。父母还应对孩子进行法制

教育,让孩子知道什么是违法行为。

《中华人民共和国婚姻法》中明确规定,父母对子女有抚养教育的义务。

《中华人民共和国未成年人保护法》明确规定:父母或者其他监护人应当关注未成年人的生理、心理状况和行为习惯,以健康的思想、良好的品行和适当的方法教育和影响未成年人,引导未成人进行有益身心健康的活动,预防和制止未成年人吸烟、酗酒、流浪、沉迷网络以及聚赌、吸毒、卖淫等行为。

强奸罪,是指违反对方性自由权,以暴力、胁迫或其他手段,强行与其发生性交的行为。个人的性自由权,是指其按照自己的意志发生性行为而拒绝以暴力、胁迫或其他手段强行与自己发生性行为的权利。

刑法关于强奸罪有下列规定:

一、以暴力、胁迫或者其他手段强奸妇女的,处三年以上十年以下有期徒刑。

二、奸淫不满十四周岁的幼女的,以强奸论,从重处罚。

三、强奸妇女、奸淫幼女,有下列情形之一的,处十年

以上有期徒刑、无期徒刑或者死刑：

　　1. 强奸妇女、奸淫幼女情节恶劣的；

　　2. 强奸妇女、奸淫幼女多人的；

　　3. 在公共场所当众强奸妇女的；

　　4. 二人以上轮奸的；

　　5. 致使被害人重伤、死亡或者造成其他严重后果的。

34. 早熟女孩的悲剧

　　小杨13岁，她发育较早，显得比同龄女孩早熟。小杨看过一些书刊，并且交了一个23岁的"男朋友"。小杨经常要这个"男朋友"给钱花。有一次，她的"男朋友"没有同意再给她钱，小杨一生气就把她与她"男朋友"的事情告诉了她的妈妈，她妈妈举报了那个男人。因为小杨才13岁，这个男人的行为属于强奸幼女，所以判刑特别重。

　　小杨因引诱别人犯罪，也受到了劳动教养的处罚。

分析辅导

　　色情书刊对青少年的毒害严重，网络上的不健康内容、电视里的性爱镜头等，对缺乏分辨能力的未成年人有很强的诱惑力。而父母和学校又很少对孩子进行性知识和性道德的教育，使孩子处于愚昧与危险之中。特别是那些性发育较早的孩子，更应该比同龄人早些得到教育指导。小杨的情况迟迟未被父母和老师注意，其行为既害了别人，又害了自己。

青少年的性行为往往是人生悲剧的开始。未成年人走上犯罪道路的原因很多，但外因还要通过内因起作用。因此，预防未成年人犯罪的关键还是对青少年自身的教育，帮助他们构筑自律的防线。只有培养其良好的心理素质和道德、法律意识，才能抵御外部环境的影响。

专家建议

孩子到了青春期，父母就要从多一个角度观察孩子。孩子行为及情绪上的细微变化都应当引起父母的注意，有了问题要及时教育和疏导。父母要在饮食营养、医疗卫生、接触媒体等多方面学习必要的科学知识，以保护孩子免受青春期的各种危害。

35. 网络聊天室的诱惑

云云是家里的独生女，生性内向，不善交往。上了初中，离开了小学时的好朋友，她很不适应。直到学会了网络聊天，她的心情才有所好转。

最初上网聊天是在学校的网站，大家都去，觉得这样不暴露身份的聊天很放松。后来，她渴望到更广阔的空间去和更多的人交流，就去了其他的站点。在那里，她遇到了一个"知音"，彼此聊得很投机。从此，她几乎每时每刻都希望待在网上，离不开那位网友了。

学习似乎不再那么重要，同学友情也显得多余了。一时间，云云的变化被老师发现，很快父母也知道了。

父母从进一步的观察中，发现云云的聊天对象主要是一个叫"自由"的男孩，云云还保留了他们的聊天记录。妈妈私下看了云云的记录，聊天内容涉及天南海北的话题。其中云云倾诉了自己对学习、生活的不满，对同学关系的困惑。云云感叹道，在今天这个时代，一个内向的女孩，恐怕是不会有什么美好未来的，学习有什么用呢？而云云的网友倒是给了她许多安慰和鼓励。

看了云云的聊天记录，妈妈的心情特别复杂。她没有想到云云有那么多烦恼。其实，妈妈还真有些感谢云云的网友呢。与此同时，她也很担心女儿和那位网友的关系将如何发展。

分析辅导

青春期的孩子在心理上都会有些孤独感，那是他们自我意识和独立需求不断增强的标志。此时的孩子非常留意外界对自己的评价，尤其是同龄人对自己的看法。他们会不断地拿自己和他人比较，以此来判断自己的价值。云云是个性格内向的孩子，今天的社会鼓励自我展示，似乎给了那些外向的人更多的机会，而像云云一样内向的孩子会在交往和生活中感到压力。但这也反映了青少年看待问题的片面和不成熟。如果这个时候他们得不到有效的帮助，就会自卑，甚至自暴自弃。

每个人都需要心理平衡，在某方面不如意的孩子，多半会在其他方面寻求补偿。而网络相对于现实世界是一个让人放松的地方，孩子在其中有更多的自主空间，也有更多的展

示机会,他们不必过多地担心别人的评价。因此,上网成了部分人寻求心理补偿的途径,甚至网络成了孤僻孩子的避难所。

对于青春期的云云又恰好遇到了一个热心的异性网友,性别的吸引加上内心的需求使云云很容易产生网络依赖。

女孩迷恋网络的情况常常不那么容易引起父母的关注,这可能是与女孩比男孩表现得乖顺,很少出现激烈的行为有关。尤其是那些内向、心思细腻的女孩,她们的内心世界很少有人能够了解,而她们自己却非常渴望被了解。这种矛盾就导致了她们寻求知音的强烈动机和秘密方式。

(1)父母要给孩子足够的关注,无论他是一个淘气的孩子,还是一个乖顺的孩子。青春期是人生中极富挑战性的时期,每个人都会遇到许多意想不到的困难,都需要不同程度的关怀和支持。父母应多了解孩子、多给予关注,以免孩子的孤独感得不到正常的排解。

(2)父母要了解孩子网上聊天的状况,但要尊重孩子的隐私权。云云妈妈的做法是不对的。正确的方式是和孩子平等地交流,通过交谈了解她愿意透露的信息。比如,她喜欢网友的哪些特点,最喜欢和网友聊哪些话题等。

（3）父母也可以向孩子坦诚自己的担心，看看孩子的反应，以了解孩子是不是对网络毫无防范，从而提出建议，供孩子参考。

（4）父母可以和孩子达成一些约定，比如不单独和网友见面，若要见面一定要征得父母同意，不透露家庭的有关信息等，并在聊天时间上加以限制。

36. 该不该和网友约会

周五晚上，妈妈在给儿子杨杨整理房间的时候，意外发现了掉在地上的小纸团，上面歪歪扭扭地写着："星期六上午9点半，朝阳公园东门，不见不散。网络暗号。"

妈妈难以入睡，好几次想去房间叫醒孩子问个究竟，可又怕引起儿子反感。她心里苦苦思忖着："是啊，杨杨15岁了，是一个不折不扣的小男子汉了，开始和女孩交往了，很正常吧？但是，单独去和女孩约会又让人担心。"

分析辅导

青春期的孩子对异性好奇，欲与异性交往，实属自然。如今网络的介入，使少男少女满足好奇心和释放性压力的渠道比过去多了。网友的交流缓冲了青春的压力，这是正常的。杨杨的妈妈为儿子的成长而高兴是因为她知道少男少女喜欢异性是心智发育正常的标志，所以，妈妈并没有直接阻止杨杨的约会。然而，并非所有网友间的约会都是安全的，

父母还得适时、适当地提醒和保护孩子的安全。

父母在尊重孩子隐私、信任孩子的前提下,可以适当介入:一是建议孩子把约会地点安排在家里;二是让孩子邀上一两个好朋友一起赴约;三是当孩子的约会安排与学习计划冲突时,建议改变约会时间;四是发现异常情况时,要求孩子取消约会。

(1)在家里创设一个使用电脑的公共空间,最好在客厅、书房等公共区域,既方便家庭成员的共同使用,也有利于父母的监督。不要把电脑放在孩子的房间里。

(2)正确疏导孩子的情感。一要肯定孩子与异性交往的需求是正当的;二要给孩子创造群体公开交往的机会,如积极帮孩子筹办生日聚会,鼓励假期集体郊游活动,让他们在群体的交往中体验异性友情,释放压力,平衡性心理。同时,应适当劝阻孩子一对一的约会。

(3)父母不要动辄给孩子的异性交往贴上"恋爱"的标签,以免孩子接受不当的心理暗示而误入歧途。

父母须知

对异性的喜欢、欣赏、向往不等于爱情。爱情是两个人格成熟的异性经过一段时间的交往，彼此有了深入的了解与承诺，从而建立起来的持久而专一的亲密关系。

青春期的异性交往目的不在于寻找终身伴侣，而是了解异性世界，学会与异性相处。在这个过程中，少男少女易于学习两性尊重、平等，并且肯定自己，增强自尊与自信。青春期的两性交往有助于对未来的恋爱择偶做早期准备，因而是必要和重要的人生成长过程。父母对孩子一般的异性交往，只可疏导，不可堵截。

37. 少年为何吸烟

同宾上初二了,学习、生活正常。家人对他比较信任,管得不多。但有一天,他的生活出现了转折点。

那天,他和同学出去玩,几个人怂恿他吸烟,他碍于情面就吸了。回家之后,妈妈闻出了烟味儿,儿子只好说了实话。妈妈说他学坏了,他觉得很委屈。

从此,父母对他严加监管,弄得他心里很烦,逆反心理越来越强烈,有几次和父母吵架时故意吸烟示威。现在他已经无所顾忌,感觉吸烟真的很酷。

分析辅导

青少年时期是一个自我探索的时期,此时的孩子喜欢冒险,乐于尝试新鲜事物,希望被别人当作成人来看待和尊重,愿意展现出自己更多的能力。这些心理特点会促使他们开始接触一些小时候未曾接触的东西,尤其是那些似乎是成人专利的东西,以体会新鲜感和成熟感。许多青少年就是在

这个时候开始吸烟、饮酒的。这些尝试的行为出于好奇,并不稳定,在适当的教育下完全可以改变。

但是教育需要符合青少年的心理特点,不能一味说教,也不应将好奇和学坏联系起来,更不能给孩子以不信任感。同宾的父母看到儿子吸烟后,说他学坏了,并采取了粗暴的办法,这激起了同宾的逆反心理,因为他从父母的行为中读出了专制和不信任。

尽管青春期的孩子更注重同龄人之间的关系,但父母仍然是孩子非常重要的朋友和导师。父母给予的关怀和接纳、肯定和信任仍然对孩子有巨大的影响。因此,此时青少年表现出的逆反从某种程度来说依然反映了他们受父母感情的左右。

当孩子步入青春期的时候,父母首先要做好迎接新情况的心理准备,不要再惯性地认为孩子和昨天一样乖顺。

如果父母发现孩子确有吸烟行为,也需要冷静处理。

(1) 创造融洽的气氛和孩子聊聊对吸烟的看法,主要听他说,不要急于发表意见,看看他对吸烟到底是什么感觉和评价。

(2) 了解孩子最近吸烟的原因是什么?只是一时好奇,

还是被朋友强迫，还是想显示"酷"。明白了具体原因，才可能和孩子有的放矢地谈问题。

（3）向孩子谈谈父母看到他吸烟的感受，告诉他父母担心什么。要从关心的角度来表达父母的意见。

（4）和孩子一起解决问题。首先要指出吸烟的危害，教他学会如何委婉地拒绝他人。如果孩子是因为遇到某种不开心的事情而吸烟，那就要启发他把不开心的事情讲出来，然后协助孩子去解决情绪困扰。

（5）对孩子敞开怀抱，告诉他父母随时都愿意帮助他、接纳他，也愿意分享他的感受，希望他多同父母沟通和交流。

父母须知

（1）烟草中含有上千种有害成分和多种致癌物质，其中最主要的是焦油、尼古丁和一氧化碳。香烟中的有害物质会使血管收缩、血流加快，并对呼吸系统产生强烈的刺激，导致呼吸系统疾病。

（2）一支香烟中的尼古丁足以致死一只老鼠，20支香烟中的尼古丁就可以毒死一头牛。

（3）吸烟可以引起肺癌、口腔癌、咽喉癌、食道癌、膀胱癌等多种癌症。

(4) 香烟中的尼古丁是一种兴奋剂,能对人产生兴奋作用,长期使用会产生依赖。因此,香烟算是入门毒品。

(5) 中学生吸烟的原因可能有:感觉像成人,好朋友吸烟,觉得吸烟很酷,一些偶像吸烟,不好意思拒绝别人,好奇,减轻压力、放松神经,感觉更有能力,逆反父母管教的思想等。

38. 同伴压力与饮酒

今天是妞妞的16岁生日,她要在家里开一个盛大的生日聚会。

她的好朋友都来了,宛仪和姗姗各拿了一瓶酒。宛仪说,那是爸爸从法国带回来的香槟,今天一定要一醉方休。姗姗说,这是她特别从姑姑家要来的16年陈酿红葡萄酒,和妞妞同龄,一定要在妞妞生日的时候品尝。妞妞有些犹豫,因为她从来都没喝过酒,总觉得现在的年纪不适合喝酒,再说爸爸妈妈知道了一定会不高兴的。

宛仪和姗姗却说,人能有几个16岁生日啊?而且这些又不是白酒,只能算是有点度数的饮料。大家都来不就为个高兴吗?气氛最重要,你看别人聚会哪个不开香槟呢?不要让大家失望啊!

在众人的鼓动下,妞妞也兴奋了起来,拿起香槟用力一摇,泡沫将瓶塞冲上了房顶。大家一片欢呼,纷纷向妞妞敬酒,妞妞则是来者不拒。

妞妞终于顶不住了,开始呕吐并突然感到眼前发黑,晕了过去。大家慌了手脚,赶快把妞妞送到医院。

分析辅导

同伴压力是青少年面临的一个重要问题。因为这个年龄的少男少女都需要来自同伴的认可，他们对归属感的需求尤其强烈。妞妞正是如此，她心里明白，自己不应该在生日会上饮酒，也试图拒绝。但是面对朋友的劝说，同学的热情，她没有办法将那个"不"字说出口，最后勉强地喝了许多酒。

妞妞的父母没有教她怎样面对伙伴的压力，使女儿付出了不应有的沉重代价。

专家建议

孩子总要离开父母去过自己的生活，在此过程中错误是难免的，即使是一些已经被成人叮嘱过的事情也可能忘记。当意外情况发生时，父母不要惊慌、也不要愤怒，只需要关注孩子受到了怎样的伤害，反思是否有些必要的知识没有传授给孩子。

一般说来，遇到意外情况可以采取以下办法：

（1）了解孩子喝酒的原因，同伴以怎样的方式给了他压力。

（2）拒绝未成也是一种挫败的经历，需要帮助孩子重建

自信。

(3) 和孩子共同探讨拒绝的方法,使孩子的拒绝得当而有效。

啤酒和香槟、葡萄酒都含有酒精,多饮会醉,并可能导致对人体的伤害。

39. 教孩子拒绝毒品

兰和几个姐妹早就盘算好了,暑假去一趟迪厅。

但走进迪厅,她们还真有些不适应。因为那里太嘈杂了,说话都听不见,光线也暗,只能隐约看到一些人影在晃动。她们看到一些人在疯狂地摇头跳舞,感到很新奇,于是也尝试着摇头跳起来。这时有人拍了一下她们,把几个人叫了出来。那是个20岁左右的男青年,他笑着说:"他们是吃了一种糖才跳成这样的,如果你们想要,我这里有,但要用钱买。"

兰想了想,选择了拒绝。

分析辅导

随着社会生活日新月异,娱乐方式极大丰富,孩子们也遇到了各种诱惑和更多的危险因素,毒品就是其中之一。

青少年的好奇使他们去探索新鲜事物,那些刺激性的东西更会引起他们的兴趣。毒品贩子常将青少年作为推销的重点对象,他们混迹于娱乐场所,向青少年兜售毒品。

兰是女孩,可能胆小些。如果换了男孩,那个毒贩很可能就得逞了。

为防止孩子染上毒瘾,父母可采取以下措施:

(1) 及早向孩子讲解毒品的有关知识,说明危害,要求孩子远离毒品。

(2) 向孩子说明烟酒是入门毒品,要拒绝吸烟和饮酒,养成良好的生活习惯。

(3) 帮助孩子学会拒绝不安全的食品,避免无意中涉及毒品。

(4) 教育孩子不要到一些环境复杂的娱乐场所,因为那里潜伏的危险多,孩子的辨别能力有限,容易受到诱惑。

(5) 心理支持。一旦发现孩子已经尝试过某种毒品,父母需要和孩子耐心交流,并寻求专业戒毒机构以及心理医生的帮助,使其戒除毒瘾。

什么是毒品

毒品指鸦片、海洛因、吗啡、大麻、可卡因以及其他能

够使人形成严重依赖性的麻醉品和精神药品。它们是从天然植物中提取、通过化学合成而作用于中枢神经的成瘾性物质,不包括一般致人死命的剧毒药物。其中,海洛因、大麻、可卡因是三类主要毒品。

毒品的种类

麻醉药品:鸦片、大麻、可卡因。

精神药品:镇静催眠类、中枢兴奋类、致幻类。

其他:烟草、酒精、吸入剂。

什么是摇头丸

摇头丸于20世纪90年代初流行于欧美,是一种致幻性苯丙胺类人工合成的兴奋剂,对中枢神经系统有很强的兴奋作用,有强烈的致幻效果。服用后表现为活动过度、情感冲动、嗜舞、偏执、妄想、自我约束力下降以及有幻觉和暴力倾向,具有很大的社会危害性。

吸毒的危害

吸毒会使人对药物产生依赖,一旦终止,便会在身体和精神上感到痛苦,从而使吸毒者难以摆脱对毒品的需求。

年轻吸毒者一般活不过40岁,死亡率比一般人群高15倍。

毒品使人的精神萎靡、人格扭曲、心理变态,极易走上犯罪道路。

吸毒会阻碍社会经济发展。如一个吸毒者每天吸食0.3克海洛因,仅全国登记在册的74万海洛因滥用者每年至少消耗270亿元人民币。